交通与分布式可再生能源融合发展潜力及展望

陆旭东　刘建东　等　著

人民交通出版社

北　京

内 容 提 要

本书通过梳理交通与新能源融合发展的有关政策、标准体系,调研分析分布式光伏在交通领域应用的主要场景和典型案例,提出了促进交通领域分布式光伏发展的政策建议和保障措施。主要内容包括可再生能源在交通领域的应用、分布式光伏资源开发潜力、发展展望、光伏廊道示范建设等内容。

本书可供从事交通运输建设管理人员、交能融合技术科研人员学习使用。

图书在版编目(CIP)数据

交通与分布式可再生能源融合发展潜力及展望 /
陆旭东等著. — 北京:人民交通出版社股份有限公司,
2024.7
ISBN 978-7-114-19342-2

Ⅰ.①交… Ⅱ.①陆… Ⅲ.①交通运输业—再生能源
—能源经济—发展—研究—中国 Ⅳ.①F512.3

中国国家版本馆 CIP 数据核字(2023)第 255288 号

Jiaotong yu Fenbushi Kezaisheng Nengyuan Ronghe Fazhan Qianli ji Zhanwang

书 名:	交通与分布式可再生能源融合发展潜力及展望
著 作 者:	陆旭东 刘建东 等
责任编辑:	岑 瑜 刘楚馨
责任校对:	赵媛媛 卢 弦
责任印制:	刘高彤
出版发行:	人民交通出版社
地 址:	(100011)北京市朝阳区安定门外外馆斜街 3 号
网 址:	http://www.ccpcl.com.cn
销售电话:	(010)85285857
总 经 销:	人民交通出版社发行部
经 销:	各地新华书店
印 刷:	北京市密东印刷有限公司
开 本:	787×1092 1/16
印 张:	5.75
字 数:	135 千
版 次:	2024 年 7 月 第 1 版
印 次:	2024 年 7 月 第 1 次印刷
书 号:	ISBN 978-7-114-19342-2
定 价:	68.00 元

(有印刷、装订质量问题的图书,由本社负责调换)

编写委员会

主　　任：方　海
副 主 任：张晓峰
委　　员：郭雁珩　江　山　徐小勇　马　亚　王成鸿

编　写　组

主　　编：陆旭东　刘建东
副 主 编：陈　琳　于雄飞　胡晋茹
成　　员：束　娜　王　烨　薛　铸　全　启　郑学汉
　　　　　张　毅　宋俞峰　于延龙　贺雅楠　吴　琼
　　　　　郝　宇　梅应丹　高　立　陈喜军

Preface 前言

  实现碳达峰碳中和，是以习近平同志为核心的党中央统筹国内国际两个大局做出的重大战略决策，"双碳"战略已经成为推动经济高质量发展的主线和主要抓手。党的二十大提出，积极稳妥推进碳达峰碳中和，重点控制化石能源消费，推动能源清洁低碳高效利用，推进工业、建筑、交通等领域清洁低碳转型。

  交通行业二氧化碳排放量约占全国总碳排放量的10%左右，是继工业、建筑业产生碳排放的第三大重点领域。推动交通与可再生能源融合发展，有利于挖掘交通基础设施内外部清洁能源开发潜力，满足交通领域用能的清洁替代需求，对于交通行业实现碳达峰碳中和具有重要意义。《交通强国建设纲要》明确提出"加速交通基础设施网、运输服务网、能源网与信息网络融合发展"。《综合立体交通网规划纲要》提出"推进交通基础设施网与能源网融合发展"。新形势下，交通与可再生能能源的融合发展迫切需要包括目标、策略、路径和政策保障等在内的清晰蓝图，以有利于在碳中和、交通强国建设目标导向下开展科技、产业和应用创新。

  本书详细梳理了交通与新能源融合发展的有关政策、标准体系，调研分析了分布式光伏在交通领域应用的主要场景和典型案例，测算了分布式光伏在交通领域应用的开发潜力，分析了在交通领域规模化发展分布式光伏面临的主要障碍，制定了交通领域分布式光伏发展的阶段性目标，提出了促进交通领域分布式光伏发展的政策建议和保障措施。通过推动交通与可再生能源深度融合发展，推动交通行业绿色低碳和高质量发展，为建设安全、便捷、高效、绿色、经济、包容、韧性的可持续交通体系和加快交通强国建设做出贡献。

作 者

2024年3月

Contents 目录

第1章 概述 …………………………………………………… 1
    1.1 研究背景 ………………………………………………… 1
    1.2 可再生能源在国内交通运输行业运用的现状及问题 ………… 12

第2章 可再生能源在交通领域的应用 …………………………… 15
    2.1 公路领域应用情况 ………………………………………… 16
    2.2 铁路领域 ………………………………………………… 24
    2.3 水运领域 ………………………………………………… 29
    2.4 航空领域 ………………………………………………… 33
    2.5 本章小结 ………………………………………………… 36

第3章 分布式光伏资源开发潜力 ……………………………… 43
    3.1 公路领域光伏开发潜力分析 ……………………………… 44
    3.2 铁路领域光伏开发潜力分析 ……………………………… 47
    3.3 水运领域光伏开发潜力分析 ……………………………… 52
    3.4 本章小结 ………………………………………………… 55

第4章 发展展望 ………………………………………………… 57
    4.1 交通电力需求展望 ………………………………………… 57
    4.2 发展趋势 ………………………………………………… 60
    4.3 测算方法 ………………………………………………… 60
    4.4 阶段性发展目标 …………………………………………… 63
    4.5 发展障碍 ………………………………………………… 66
    4.6 保障措施 ………………………………………………… 67

第 5 章　光伏廊道示范建设 ·· 69
　　5.1　基本原则 ··· 69
　　5.2　光伏廊道示范的优先发展区域 ··· 69
　　5.3　光伏廊道示范的主要应用场景 ··· 70
　　5.4　光伏廊道发展的保障措施 ·· 75

参考文献 ··· 78

第1章 概　　述

加大对可再生能源的应用推广,是实现交通领域低碳发展的关键路径。分布式可再生能源在交通领域的应用,可降低交通对传统能源的依赖,对提高国家能源安全性和韧性意义重大。随着太阳能、风能和电动汽车等技术的快速发展和商业化应用,分布式可再生能源在交通领域的应用推广前景广阔。随着技术进步和规模效益呈现,分布式光伏系统的建设成本不断降低,其规模化推广应用的条件已比较成熟。

近年来,在绿色低碳、能源安全、技术进步和市场需求的共同推动下,我国出台了一系列促进交通与新能源融合发展的政策、标准和措施,大力推动分布式可再生能源在交通领域的应用。特别是分布式光伏在交通领域的应用得到了市场的广泛认可,推动了交通领域向节能降碳和绿色能源转型发展,为可持续交通体系建设提供新的解决方案。

1.1　研究背景

1.1.1　政策层面

党的二十大报告提出,完善能源消耗总量和强度调控,重点控制化石能源消费,推动能源清洁低碳高效利用,推进工业、建筑、交通等领域清洁低碳转型。交通行业碳减排需求巨大,近年来,交通、工信、能源等行业主管部门联合制定交通光伏产业发展、智慧运行、科技创新政策和规划,进一步推动分布式可再生能源应用。推动交通分布式可再生能源应用,实现交通用能结构的转型升级,优化行业能源结构,保证用能安全,对于实现交通运输行业低碳发展具有十分重要的意义。

1.1.1.1　统筹部署,做好顶层设计构建政策体系

2021年10月,中共中央、国务院发布《关于完整准确全面贯彻新发展理念做好碳达峰碳中和工作的意见》(以下简称《意见》)。在交通与可再生能源融合发展方面,《意见》提出加快推进低碳交通运输体系建设:一是优化交通运输结构,大力发展多式联运,提高铁路、水路在综

合运输中的承运比重,持续降低运输能耗和二氧化碳排放强度;二是推广节能低碳型交通工具,加快发展新能源和清洁能源车船,推广智能交通,推进铁路电气化改造,推动加氢站建设,促进船舶靠港使用岸电常态化,加快构建便利高效、适度超前的充换电网络体系;三是积极引导低碳出行,加快城市轨道交通、公交专用道、快速公交系统等大容量公共交通基础设施建设。

2021年10月,国务院发布《关于印发2030年前碳达峰行动方案的通知》(国发〔2021〕23号),交通运输行业是国民经济发展重要的基础性、先导性、服务性行业,同时也是重点耗能行业之一,碳排放量较大,是我国节能低碳、绿色发展的重点领域。提出:一是推动运输工具装备低碳转型,积极扩大电力、氢能等新能源在交通运输领域应用,大力推广新能源汽车,推动城市公共服务车辆电动化替代,推广电力、氢燃料、液化天然气动力重型货运车辆,提升铁路系统电气化水平,发展电动、液化天然气动力船舶,深入推进船舶靠港使用岸电,开展沿海、内河绿色智能船舶示范应用。到2030年,当年新增新能源、清洁能源动力的交通工具比例达到40%左右。二是加快绿色交通基础设施建设,将绿色低碳理念贯穿于交通基础设施规划、建设、运营和维护全过程,降低全生命周期能耗和碳排放,开展交通基础设施绿色化提升改造,统筹利用综合运输通道线位、土地、空域等资源,加大岸线、锚地等资源整合力度,提高利用效率,有序推进充电桩、配套电网、加注(气)站、加氢站等基础设施建设,提升城市公共交通基础设施水平。到2030年,民用运输机场场内车辆装备等力争全面实现电动化。

2021年12月,国务院发布《关于印发"十四五"现代综合交通运输体系发展规划的通知》(国发〔2021〕27号),全面推进交通运输行业绿色低碳转型,在促进交通与可再生能源融合方面提出:一是积极建设城际充电网络和高速公路服务区快充站配套设施,大力推进停车场与充电设施一体化建设;二是推动城市公共服务车辆和港口、机场场内车辆电动化替代;三是推动既有交通运输设施绿色化改造,加快港口船舶岸电设施和机场电动设施设备建设使用,推进京杭运河现代绿色航运综合整治工程;四是选择条件成熟的生态功能区、工矿区、城镇、港区、机场、公路服务区、交通枢纽场站等区域,建设近零碳交通示范区,优先发展公共交通,倡导绿色出行,推广新能源交通运输工具。

为推动交通运输低碳发展,中共中央、国务院相继发布重要文件,做出具体谋划和总体部署;交通、能源、环境等部门根据国家总体部署,制定了有关规划和行动方案;各地结合实际情况制定本地区实施方案并配套有关政策,积极推动交通与可再生能源加快融合,促进交通绿色低碳化发展(表1-1)。

交通领域可再生能源发展主要政策　　　表1-1

印发日期	印发部门及地区	文件名称
2021年10月	中共中央　国务院	《关于完整准确全面贯彻新发展理念做好碳达峰碳中和工作的意见》
2021年10月	国务院	《2030年前碳达峰行动方案》
2021年12月	国务院	《"十四五"现代综合交通运输体系发展规划》
2021年9月	交通运输部、科学技术部	《交通领域科技创新中长期发展规划纲要(2021—2035年)》
2021年10月	交通运输部	《绿色交通"十四五"发展规划》
2021年12月	国家铁路局	《"十四五"铁路科技创新规划》
2022年1月	工业和信息化部等五部门	《智能光伏产业创新发展行动计划(2021—2025年)》

续上表

印发日期	印发部门及地区	文件名称
2022年3月	交通运输部	《关于扎实推动"十四五"规划交通运输重大工程项目实施工作方案》
2022年6月	国家发展和改革委员会、国家能源局等九部门	《"十四五"可再生能源发展规划》
2021年7月	浙江	《浙江省综合交通运输发展"十四五"规划》
2022年1月	山东	《山东省交通运输节能环保"十四五"发展规划》
2023年2月	江苏	《江苏省交通运输领域绿色低碳发展实施方案》
2023年6月	上海	《上海交通领域光伏推广应用实施方案》
2024年3月	四川	《四川省高速公路"绿电自给"工程建设规划(2024—2025年)》

1.1.1.2 变速变革,多行业多举措力促交能融合新业态

(1)能源

2022年6月,国家发展和改革委员会、国家能源局等九部门联合印发《"十四五"可再生能源发展规划》(发改能源〔2021〕144号),提出大力推动光伏发电多场景融合开发,"推动光伏在新能源汽车充电桩、铁路沿线设施、高速公路服务区及沿线等交通领域应用,因地制宜开展光伏廊道示范"。"光伏廊道示范 重点利用铁路边坡、高速公路、主干渠道、园区道路和农村道路两侧用地范围外的空闲土地资源,推进分布式光伏或小型集中式光伏开发建设,拓展光伏应用场景,推进光伏发电与生态环保、文化旅游相结合"。

2023年6月,国家能源局发布《新型电力系统发展蓝皮书》,提出推动分布式新能源就地开发利用,促进新能源多领域跨界融合发展。加快推动中东部和南方地区分散式风电、分布式光伏发电开发,以就地利用为主要目的拓展分布式新能源开发应用场景。积极推动各具特色的电力源网荷储一体化项目,围绕公共建筑、居住社区、新能源汽车充电桩、铁路高速公路沿线等建筑、交通、农业领域,发展新能源多领域融合的新型开发利用模式。

2023年9月,国家能源局发布《关于组织开展可再生能源发展试点示范的通知》,提出以示范工程引领发展,其中光伏廊道示范作为开发建设类工程内容组织示范实施。

(2)交通

2022年1月,国务院印发《"十四五"现代综合交通运输体系发展规划》,鼓励交通枢纽场站、公路、铁路等沿线合理布局光伏发电。

2021年10月,交通运输部印发《绿色交通"十四五"发展规划》(交规划发〔2021〕104号),提出了七项主要任务和四个专项行动。其中在交通与可再生能源融合方面明确提出,推动公路服务区、客运枢纽等区域充(换)电设施建设,因地制宜推进公路沿线、服务区等适宜区域合理布局光伏发电设施,推广应用新能源,实施新能源推广应用行动:一是在北京、天津、石家庄等城市推进中心城区应用纯电动物流配送车辆,在钢铁、煤炭等工矿企业场内短途运输推广应用纯电动重型载货汽车;二是开展城市绿色货运配送示范工程创建工作,到2025年,有序建设100个左右城市绿色货运配送示范工程;三是深入推进重点区域、重点省市、重点航线岸电建设与使用,着力提高岸电设施使用率;四是以重要港区、货运场站为主,推进内部作业机械、供暖制冷设施设备等加快应用新能源和可再生能源,创建近零碳码头、近零碳货运场站。

2021年12月,国家铁路局印发《"十四五"铁路科技创新规划》(国铁科法〔2021〕45号),提出推进能源、信息、交通三网融合,开展能源互联网架构、核心装备及衍生技术研究,研究推广可再生能源、新能源、清洁能源及智能友好并网技术在铁路行业的应用,统筹源—网—荷—储协调发展,降低二氧化碳和各类污染物排放量。

2022年2月,交通运输部发布《关于积极扩大交通运输有效投资的通知》,提出加快建设绿色低碳交通基础设施,因地制宜推进公路沿线、服务区等区域合理布局光伏发电设施。

2022年3月,交通运输部办公厅印发《关于扎实推动"十四五"规划交通运输重大工程项目实施的工作方案》(交办规划〔2022〕21号),提出"十四五"时期重点推进11项交通运输重大工程项目,其中包括实施绿色低碳交通可持续发展工程。"十四五"时期,在高速公路和水上服务区、港口码头、枢纽场站等场景建成一批"分布式新能源+储能+微电网"智慧能源系统工程项目;支持新能源清洁能源营运车船规模应用;加快船舶受电设施改造、协同推进码头岸电设施改造。

2022年5月,交通运输部印发的《扎实推动"十四五"规划交通运输重大工程项目实施工作方案》提出,"十四五"时期,以营运交通工具动力革命和低碳基础设施建设运营为重点,强化交通基础设施对低碳发展有效支撑,在高速公路和水上服务区、港口码头、枢纽场站等场景建成一批"分布式新能源+储能+微电网"智慧能源系统工程项目;支持新能源清洁能源营运车船规模应用。

2023年10月,交通运输部等九部门联合发布的《关于推进城市公共交通健康可持续发展的若干意见》提出,因地制宜推进适宜区域合理布局光伏发电设施。推动各地因地制宜、分类实施城市轨道交通既有线网优化提升行动。

2024年2月,交通运输部印发《2024年全国公路服务区工作要点》中明确,围绕"双碳"目标,落实交通运输领域和公路行业绿色低碳发展有关工作要求,推动近零碳服务区建设,推进服务区光伏基础设施建设。

(3)科技

2021年9月,交通运输部、科学技术部联合印发《交通领域科技创新中长期发展规划纲要(2021—2035年)》(交科技发〔2022〕11号)(以下简称《纲要》),从交通基础设施、交通装备、运输服务三个要素维度和智慧、安全、绿色三个价值维度布局六方面研发任务,并对新时期交通运输科技创新能力建设进行了部署。其中在绿色价值维度提出推动交通网与能源网融合,开展交通专用及非碳基能源系统、分布式能源自洽、交通能源一体化建设运维、源—网—荷—储协同的交通电气化等技术研究,研究交通用地范围内风能、太阳能利用技术及标准。《纲要》还提出提升低碳能源应用技术水平,开展电能、氢能、氨能、太阳能等低碳能源在载运工具和作业机械等装备上的应用技术研发;构建全寿命周期绿色交通技术体系。

2022年1月,工业和信息化部、住房和城乡建设部、交通运输部等五部门联合发布《智能光伏产业创新发展行动计划(2021—2025年)》(工信部联电子〔2021〕226号),提出推动光伏产业与新一代信息技术深度融合,加快实现智能制造、智能应用、智能运维、智能调度。其中,在交通领域加快"光伏+交通"等融合发展项目推广应用,推动交通领域光伏电站及充电桩示范建设;鼓励光伏发电在公路服务区(停车场)、加油站、公路边坡、公路隧道、公交货运场站、港口码头、航标等导助航设施、码头趸船、海岛工作站点等领域的应用;探索光伏和新能源汽车融合应用路径。

2022年8月,工业和信息化部等五部门联合印发《关于印发加快电力装备绿色低碳创新发展行动计划的通知》,提出推动光伏与5G基站、大数据中心融合发展及在新能源汽车充换电站、高速公路服务区等交通领域应用。

1.1.1.3 多地落实,抓好末端落实落地见效

2021年6月,浙江省人民政府办公厅印发《浙江省综合交通运输发展"十四五"规划》(浙政办发〔2021〕36号),提出完善交通能源和通信设施,加快布局高速公路服务区快充站,实现服务多种车型的快充站全覆盖,发展高速公路沿线和服务区光伏发电。加快岸电设施建设,基本实现沿海和内河主要港口、重点港区岸电设施全覆盖。完善全省综合供能服务站布局,加快建设公共领域充换电站、充电桩,新增公用充电桩全部具备智能充电功能。

2022年12月,浙江省发展改革委发布《浙江省完善能源绿色低碳转型体制机制和政策措施的实施意见(公开征求意见稿)》,提出完善交通运输领域能源清洁替代政策,对利用铁路沿线、高速公路服务区、站房等建设新能源设施的,鼓励对同一区域内的项目统一规划、统一实施、统一核准(备案)。

2022年1月,山东省交通运输厅印发《山东省交通运输节能环保"十四五"发展规划》(鲁交发〔2021〕8号),提出山东省将重点从八个方面推进交通运输节能环保工作,其中包括加快新能源清洁能源应用:一是加快推进城市公交、出租等领域新能源车辆推广应用,积极推进LNG(液化天然气)、电能等新能源、清洁能源动力船舶发展,探索开展零碳(近零碳)排放服务区建设;二是加快现有码头岸电设施改造,到2025年,实现全省主要港口90%以上的集装箱、客滚、邮轮、3千吨级以上客运、5万吨级以上干散货专业化泊位,具备向船舶供应岸电的能力;三是开展山东省首个规模化高速公路边坡光伏试验项目。

2022年6月,山东省交通运输厅发布的《高速公路边坡光伏发电工程建设技术规范》(DB37/T 4516—2022)对高速公路边坡光伏发电工程基本规定、项目选址、技术要求、施工交通组织、监控测量、环境保护与水土保持进行了规范。其中,在安全性上,精心选用了低反光无眩光、防火防水防腐、不易碎、具有自清洁功能的轻质柔性光伏组件和带有自动关断功能的逆变器,采用柔性支架安装,组件棱角使用柔性材料包裹,避免影响驾驶安全和二次事故伤害;在环保性上,设计了螺旋桩打孔施工技术,减少对边坡草皮的破坏;在美观性上,注重光伏组件阵列与边坡斜面外观上的统一融合,视觉效果美观、舒适;在经济性上,最大限度提高边坡资源利用率,有利于规模化开发。

2023年2月,江苏省交通运输厅、省发展和改革委员会、省工业和信息化厅、省生态环境厅联合印发《江苏省交通运输领域绿色低碳发展实施方案》,针对交通分布式可再生能源提出:一是推进交通枢纽场站绿色化改造,构建综合交通枢纽场站"分布式光伏+储能+微电网"的交通能源系统,鼓励因地制宜利用热能等可再生能源,发展临港风电能源系统;二是创建近零碳交通示范项目,包括建设近零碳港口、近零碳服务区和近零碳客货运枢纽场站;三是完善有关资金支持政策,鼓励金融机构为符合条件的交通运输绿色低碳项目提供金融支持。

2023年2月,广东省能源局、省农业农村厅、省乡村振兴局联合发布《广东省加快农村能源转型发展助力乡村振兴实施方案》(粤能新能〔2023〕18号)(以下简称《方案》),明确支持县域清洁能源规模化开发,加快推进32个整县(市、区)推进屋顶分布式光伏发电项目建设,并以此为抓手,探索县域清洁能源规模化开发新模式。《方案》要求全面挖掘交通基础设施能源化资源潜力,探索发展光伏公路。

1.1.2 标准层面

标准是国家质量基础设施的重要内容，与绿色低碳发展相关的政策是推动资源高效利用、能源绿色低碳发展、产业结构深度调整、生产生活方式绿色变革、经济社会发展全面绿色转型的重要支撑。2022年10月，市场监管总局等九部门联合印发《建立健全碳达峰碳中和标准计量体系实施方案》（国市监计量发〔2022〕92号），针对公路、水运、铁路和城市轨道交通、民航等交通基础设施和运输装备，开展节能降碳设计、建设、运营、监控、评价等标准制修订。

加快可再生能源与交通运输领域的融合发展，是推进低碳交通运输体系建设的重要手段。从分布式可再生能源技术应用现状来看，主要为分布式光伏发电和分散式风电，国内外相关标准也主要集中在这两个领域。国际上，国际电工委员会（IEC，International Electrotechnical Commission）是一个具有广泛影响力和权威性的国际标准化机构，IEC标准在电气、电子工程领域具有极高的权威性和广泛的影响力。现有和在研光伏应用标准仅有4项光伏与建筑融合技术标准，并没有专门的光伏与交通沿线融合的技术标准。我国现行和在研国家、行业标准中，有22项光伏与建筑融合技术标准，涉及光伏电池及组件、光伏部件、光伏系统、光伏应用、绿色光伏；有1项光伏与交通融合技术标准，为光伏应用层面。现行和在研国家、行业标准中并没有专门针对分散式风电在交通领域应用的相关标准。目前，交通运输部还没有制定过与交通相关的分布式可再生能源应用标准。

1.1.2.1 交通与光伏融合发展的标准尚不完善

（1）国际标准聚焦交通构筑物

新能源和可再生能源国际标准主要是由国际标准化组织（ISO）、国际电工委员会（IEC）制定的。ISO/TC180（国际标准化组织太阳能标准化技术委员会）负责太阳能供暖、制冷等方面国际标准；IEC/TC82（国际电工委员会太阳光伏能源系统技术委员会）负责将太阳能转化为电能的光伏能源系统，以及整个光伏能源系统涉及的所有元部件，具体包括材料、电池、组件、光伏部件、光伏系统及应用等方面国际标准。

在光伏行业中，IEC系列标准被世界各国的标准化组织广泛接受。IEC/TC82是IEC最活跃的技术委员会，每年开展数十个标准项目的研究和编制。截至2023年底，IEC/TC82正式发布的现行标准共计146项。其中，光伏系统标准42项，如图1-1所示。

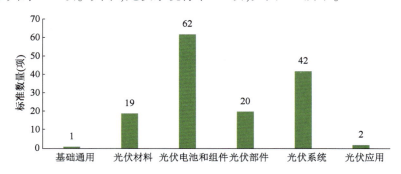

图1-1 IEC/TC82光伏现行标准统计图

截至 2023 年底，IEC/TC82 在研的标准项目（含修订项目和修改项目）共计 64 项，基础通用标准 1 项，光伏材料标准 6 项，光伏电池和组件标准 23 项，光伏部件标准 20 项，光伏系统标准 12 项，光伏应用标准 2 项，如图 1-2 所示。

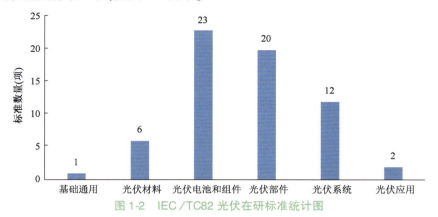

图 1-2　IEC/TC82 光伏在研标准统计图

在光伏应用场景方面，IEC/TC82 拥有 JWG11（光伏建筑一体化，BIPV）和 PT600（汽车光伏一体化）两个项目工作组，没有单独的光伏交通项目工作组。分布式光伏与交通融合主要是与收费站等构筑物或交通沿线设施相结合，光伏与建筑融合技术标准可直接应用到构筑物类型的分布式光伏交通项目中。IEC/TC82 有 4 项现行和在研光伏与建筑融合技术标准，没有专门的光伏与交通特定应用场景融合的技术标准（表 1-2）。

IEC 光伏与建筑融合相关标准详表　　　　表 1-2

标准号	英文名称	中文名称	标准编制年份
IEC 63092—1:2020	photovoltaics in bulidings-Part1: Requirments for buliding-intergrated photivoltaic modules	光伏建筑第 1 部分：建筑一体化光伏组件	2020
IEC 63092—2:2020	Photovoltaics in bulidings-Part2: Requirments for buliding-intergrated photivoltaic systems	光伏建筑第 2 部分：建筑一体化光伏系统	2020
IEC TR 63226:2021	Managing fire risk related to photovoltaic (PV) systems on bulidings	建筑光伏（PV）系统相关的火灾风险管理	2021
IEC 63092—3 ED1	Photovoltaics in buildings-Part 3: Evaluation methodology of SHGC for Building integrated photovoltaic modules with various designs	光伏建筑第 3 部分：不同设计的建筑一体化光伏组件的评估方法	在研

（2）我国光伏发电及与交通构筑物结合标准体系健全

从标准主管部门来看，我国光伏制造及系统端的标准主管部门主要包括工业和信息化部（有电子标准、建材标准、有色标准、邮电标准等）、国家能源局等，光伏应用端的标准主管部门主要涉及住房和城乡建设部、农业农村部、水利部等。

全国太阳光伏能源系统标准化技术委员会（SAC/TC90），是国家标准化管理委员会批准成立的全国性专业标准化技术工作组织，同时负责 IEC/TC82 的国内技术归口管理工作，由工业和信息化部筹建及进行业务指导。

2017 年，工业和信息化部组织制定了《太阳能光伏产业综合标准化技术体系》。2021 年，由中国电子技术标准化研究院/全国太阳光伏能源系统标准化技术委员会（SAC/TC90）秘书处牵头组织开展《太阳能光伏产业综合标准化技术体系》（2021 版）的修订和编制工作。

光伏产业综合标准化技术体系(简称光伏标准体系)涵盖国家标准、行业标准和团体标准,包括现有标准、制修订中的标准、拟制修订的标准和待研究的标准,按照适用性分为强制性标准、推荐性标准(其中光伏发电大部分是推荐性标准)、指导性标准;按结构单元分为基础通用、光伏设备制造、光伏材料、光伏电池和组件、光伏部件、光伏发电系统、光伏应用、智能光伏、绿色光伏等9大方向、42个小项。如图1-3所示。

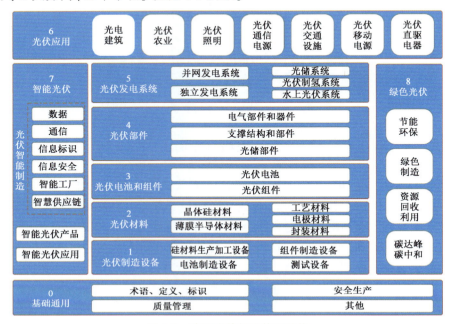

图1-3 我国光伏标准体系结构

我国现行光伏国家标准和行业标准共计333项,其中国家标准212项、行业标准121项;在研和修订光伏国家标准和行业标准共计84项,其中国家标准46项、行业标准38项。按照我国光伏产业综合标准化技术体系中的9大类进行划分,现行和在研标准分布如图1-4所示。从标准构成来看,我国现行标准中光伏系统、光伏材料、光伏应用较多,分别为95项、79项、45项;我国在研标准中光伏电池和组件、光伏系统、光伏部件较多,分别为26项、21项、10项。从我国发展需求及方向来看,光伏设备、智能光伏、绿色光伏相关标准体系亟须完善。

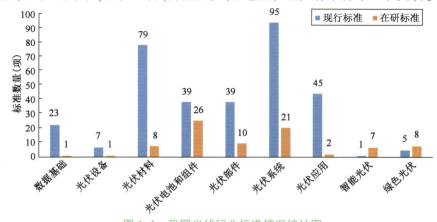

图1-4 我国光伏行业标准情况统计图

从我国行业标准制定部门来看,159 项行业标准中国家能源局和工业和信息化部分别制定了 80 项和 63 项,分别占比 50.3%、39.6%,主要是光伏系统及光伏制造相关标准。住房和城乡建设部、农业农村部、水利部等主要制定光伏应用端标准,总共占比仅为 10% 左右。目前,交通运输部还没有制定过与交通相关的光伏标准。如图 1-5 所示。

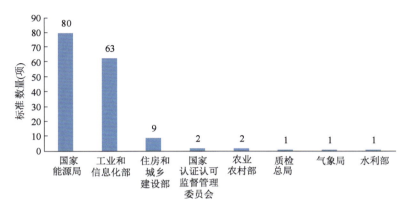

图 1-5　我国行业标准制定部门统计图

从光伏与交通结合应用场景来看,这些标准主要可分为两类:一是与交通构筑物融合,二是与交通沿线融合。两者技术标准完整度差异较大,以应用范围最成熟的公路光伏系统为例,服务区、收费站等公路构筑物光伏系统在设计、安装、运行标准方面基本与光伏建筑一致,技术标准相对完整成熟,而公路沿线边坡光伏系统的技术标准还很匮乏。我国现行和在研的国家、行业标准中,有 22 项光伏与建筑融合技术标准,涉及光伏电池及组件、光伏部件、光伏系统、光伏应用、绿色光伏;有 1 项光伏与交通融合的国家技术标准,为光伏应用方面,如表 1-3 和表 1-4 所示。

我国光伏与建筑融合技术标准详表　　　　　　　　　表 1-3

序号	标准名称	标准号/计划号	标准级别	备注
1	村镇建筑离网型太阳能光伏发电系统	NB/T 10774—2021	行业标准	现行
2	建筑光伏组件用镀膜玻璃	GB/T 41314—2022	国家标准	制订中
3	建筑光伏组件用乙烯-醋酸乙烯共聚物(EVA)胶膜	JG/T 450—2014	行业标准	现行
4	建筑光伏组件用聚乙烯醇缩丁醛(PVB)胶膜	JG/T 449—2014	行业标准	现行
5	建筑光伏夹层玻璃用封边保护剂	JG/T 465—2014	行业标准	现行
6	建筑用光伏构件通用技术要求	JG/T 492—2016	行业标准	现行
7	建筑用太阳能光伏夹层玻璃	GH/T 29551—2023	国家标准	修订中
8	建筑用太阳能光伏夹层玻璃的重测导则	GB/T 38344—2019	国家标准	现行
9	建筑光伏玻璃组件色差检测方法	GB/T 39135—2020	国家标准	现行
10	建筑用光伏玻璃组件透光率测试方法	GB/T 40415—2021	国家标准	现行
11	建筑用柔性薄膜光伏组件	JG/T 535—2017	行业标准	现行

续上表

序号	标准名称	标准号/计划号	标准级别	备注
12	光伏建筑一体化（BIPV）组件电池额定工作温度测试方法	GB/T 37052—2018	国家标准	现行
13	建筑用太阳能光伏中空玻璃	GB/T 29759—2013	国家标准	现行
14	建筑用光伏遮阳板	GB/T 37268—2018	国家标准	现行
15	建筑光伏幕墙采光顶检测方法	GB/T 38388—2019	国家标准	现行
16	建筑光伏系统无逆流并网逆变装置	JO/T 466—2015	行业标准	现行
17	建筑光伏系统应用技术标准	GB/T 51368—2019	国家标准	现行
18	光伏建筑一体化系统防雷技术规范	GB/T 36963—2018	国家标准	现行
19	光伏与建筑一体化发电系统验收规范	GB/T 37655—2019	国家标准	现行
20	光伏建筑一体化系统运行与维护规范	JGJ/T 264—2012	行业标准	现行
21	建筑太阳能光伏系统设计与安装	16J908—5（GJBT—1389）	行业标准	现行
22	建筑用薄膜太阳能电池组件回收再利用通用技术要求	GB/T 38785—2020	国家标准	现行

我国光伏与交通融合技术标准详表　　　　表 1-4

序号	标准名称	标准号/计划号	标准级别	备注
1	公路沿线设施太阳能供电系统通用技术规范	GB/T 24716—2009	国家标准	修订中

（3）交通沿线分布式光伏应用标准处于起步阶段

高速公路、铁路沿线光伏发电开发空间巨大，目前一些地方和单位正在积极推动光伏发电与交通融合的相关标准。山东省市场监督管理局于 2022 年 6 月 20 日发布了《高速公路边坡光伏发电工程建设技术规范》(DB 37/T 4516—2022)，填补了国内高速公路边坡光伏应用标准的空白。内蒙古自治区正在组织编制《公路基础设施光伏发电设施铺设技术规范》。原铁道部发布的《铁路光伏发电系统及应急柴油发电站技术规范》(TB 10039—2012) 对标称电压400V 及以下并网型光伏发电系统的组成、设备配置和电能质量做了一些规定。铁路沿线光伏开发应用及相关标准处于起步阶段，2022 年中国铁路科学研究院通过小规模试点论证了利用铁路沿线开发应用光伏发电的效能与安全性。

目前，交通运输部科学研究院正在牵头制订团体标准《高速公路光伏发电工程建设技术规范》（以下简称《规范》），明确了高速公路光伏发电项目的术语和定义、设计要求、施工要求、设备及系统调试要求、验收要求，重点规范了高速公路边坡光伏涉路安全评估及防护、边坡稳定性评价和边坡光伏设施配套新型设备材料。

①公路边坡安全。对于边坡铺设光伏组件的路段，除需要考虑边坡支架稳定性、安全性外，更应该考虑路侧护栏防护等级要求和发生事故后光伏系统二次伤害隐患。基于高速公路边坡进行光伏方阵设计、施工而产生的边坡防护以及二次防护问题，《规范》做了具体规定，包

括:光伏方阵上端高度应低于路基外缘,与护栏水平净距需满足护栏横向变形要求;边坡光伏项目作业过程应尽可能减少对边坡产生的扰动,支架基础应减少土方开挖作业,根据具体情况宜采用钢螺旋桩、钢筋混凝土条形基础、预制水泥配重等形式;高速公路安装光伏发电系统路段应安装护栏,护栏防护等级满足现行《公路交通安全设施设计规范》(JTG D81—2017)和《公路交通安全设施设计细则》(JTG/T D81—2017)的要求;光伏组件边框应安装防撞硅胶等设施增强保护作用,钢结构组件应进行棱角圆滑或钝化处理;边坡光伏系统应采取光伏组件损坏、坠落的安全防护措施;高速公路光伏发电系统的安装与施工不应破坏高速公路的附属设施,不应影响边坡在设计使用年限内承受各种荷载的能力。

②行车防眩。《规范》要求对高速公路光伏组件可能产生的二次辐射和光污染应进行分析并采取相应的措施,具体包括:安装光伏系统,边坡的主要朝向宜为南向或接近南向,宜选择平面线形为直线或大半径曲线段边坡,小半径曲线段及路堑边坡应进行眩光分析并采取相应措施;高速公路光伏组件应采用防眩光型产品,尽可能降低对高速公路及周边道路司乘人员产生光污染影响。

③防雷和消防安全。高速公路光伏发电系统的防雷设计应符合现行《光伏发电站防雷技术要求》(GB/T 32512—2016)的规定,过电压保护应选用低残压、低残流的防雷技术或产品,接地系统应优先选用隔离式分组接地防护技术;消防设施应符合现行《电力设备典型消防工程》(DL 5027—2022)的要求。

④电能质量。光伏发电系统向当地交流负载提供电能和向当地电网发送的电能质量应符合公用电网的电能质量要求;接入电网时,其继电保护、通信和电能计量装置等接入方案应满足当地电网的要求。《规范》的制定为其他类型公路以及铁路沿线开发光伏提供了较好的思路和借鉴,国家及行业标准应加强在公路边坡、铁路沿线等场景的研究制定。

1.1.2.2 交通与能源融合发展的标准还存在空白

目前我国风力发电(以下简称风电)行业现行国家标准15项,行业标准148项、在研行业标准7项,主要涉及前期资源测量与评估、工程建设、运营管理等方面,现行和在研标准中并没有专门针对分散式风电在交通领域应用的标准,如图1-6所示。

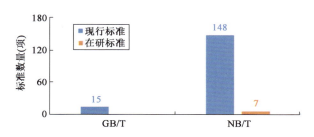

图1-6 我国风电标准统计图

分散式风电与交通融合标准应重点考虑设施安全、阴影闪变、噪声等。

(1)安全方面

目前,风电领域现行的相关规范对地面(含道路)安全、航空安全有所涉及。不过,交通领域现行的相关规范却没有对风力发电机组的安全约束。

风电标准《风力发电场设计规范》(GB/T 51096—2015)对地面安全和航空安全作出相关规定如下：

①地面安全：风力发电机组的塔筒中心与公路、铁路、机场、输电线路、通信线路、天然气石油管线等设施的避让距离宜大于轮毂高度与叶轮半径之和的 1.5 倍。

②航空安全：风力发电机组被确定为航空障碍物时，应对其加以标识，除了涂装颜色，还规定了 A 型中光强航空障碍灯的安装要求。

(2) 阴影闪变方面

风力发电机组桨叶在风力的推动下旋转。在有阳光的时候，转动的叶片在地面上有规律地隐现投影，这被称为光影闪变。光影闪变会对动物和人的视觉系统产生影响，属于光污染的一种。人长期持续处于光影闪变之中，会因视觉疲劳影响中枢神经的正常功能，出现眩晕、烦闷、恶心等症状。

目前风电领域和交通领域均对光影闪变提出一定要求。如风电规范《风电场工程微观选址技术规范》(NB/T 10103—2018)规定风电机组布置对阴影闪变敏感区域的影响时间每年不宜超过 30 小时，每天不宜超过 30 分钟。交通规范《高速公路交通工程及沿线设施设计通用规范》(JTG D80—2006)、《公路交通安全设施施工技术规范》(JTG/T 3671—2021)、《城市道路交通设施设计规范》(GB 50688—2011)对防眩均提出了一定要求，不过并没有将二者联系在一起。

(3) 噪声方面

目前风电领域和交通领域主要是基于现行国家标准《声环境质量标准》(GB 3096—2008)对噪声进行约束和测量。风电行业中《风力发电场设计规范》(GB/T 51096—2015)规定"风力发电机组与有人居住建筑物的最小距离，应满足国家现行标准中对噪声的规定"；《风电场工程微观选址技术规范》(NB/T 10103—2018)规定"风电机组布置应符合现行国家标准《声环境质量标准》GB3096 对噪声限值的规定"。交通行业中《城市道路交通设施设计规范》(GB 50688—2011)规定"根据现行国家标准《声环境质量标准》GB3096 进行声环境评价的结果不符合标准的路段，采取其他降噪措施仍达不到要求的，应设置声屏障""声屏障的结构设计除应符合国家现行标准《声屏障声学设计和测量规范》HJ/T 90 的规定外，还应满足结构自重及风荷载的要求"。

综上，在风电和交通耦合过程中，除了噪声能够直接利用现行国家标准《声环境质量标准》(GB 3096—2008)进行工程约束外，安全距离和光影闪变均需要根据相关标准进一步明确，尤其是对光影闪变须给出明确的计算公式，以便规范工程应用。

1.2 可再生能源在国内交通运输行业运用的现状及问题

目前在国内交通运输行业中，可再生能源的应用仍处于初级阶段。尽管太阳能、地热能和风能等可再生能源在铁路运输领域已经得到推广应用，但整体上仍存在一些问题。

1.2.1 融合层面标准欠缺

可再生能源在交通领域的应用缺乏统一的标准和规范,且由于各地区的特点和需求不同,应用缺乏一致性和互操作性。随着技术集成难度的增加,可再生能源的规模化应用越来越受限制,亟须加强标准化的研究和制定,建立统一的标准体系,推动各个能源系统的互操作性和兼容性。

目前,新能源在交通基础设施应用尚处于快速成长阶段,未形成标准规范。公路交通与能源融合项目建设涉及能源、公路、安全等领域,相关标准规范的制定和修订需要统筹电力、交通、公安等多个部门,工作难度较大。现行的《公路工程技术标准》《公路交通安全设施设计技术规范》《高速公路服务区设计规范》《公路边坡工程技术规范》等国家、行业和地方标准规范对于公路边坡、服务区、沿线设施、交通枢纽等设计施工均有明确要求。在公路沿线布局光伏发电设施,一方面要符合现行的公路工程设计施工技术规范,另外一方面要综合考虑选址、结构设计、电路设计、管养、成本效益等多方面的问题,因此需要在绿色公路建设系列标准中考虑增加光伏发电应用技术规范。

1.2.2 应用技术存在瓶颈

与传统的燃煤和燃油能源相比,可再生能源的设备和系统建设成本相对较高。这使得部分运输企业对引入可再生能源存在疑虑,需要更多的政策支持和经济激励措施,以降低运营成本,提高投资回报率。

(1)技术成本较高。分布式可再生能源的设备和系统建设成本相对较高,需要投入大量的资金用于设备购买、安装和维护。

(2)电网接入较难。分布式可再生能源需要与现有电网进行连接,但由于电网的规模、负载和管理等因素,可能存在接入难题和配套问题,需要进一步加强电力系统的规划和改造。

(3)能源储存技术不成熟。分布式可再生能源产生的电力可能存在间歇性和波动性,需要借助储能技术来平衡供需,但目前储能技术仍处于发展初期,成本高、效率低,需要进一步研究和改进。

1.2.3 资源禀赋开发不足

(1)公路分布式光伏资源禀赋开发不足

没有充分利用公路沿线场地条件发挥公路廊道光伏发电潜力,不能满足服务区全部用电或沿线其他用电设施的用电需求,能源对外依存度大,导致碳排放高。

负荷应用端充电桩等供给设施不满足需求。我国新能源汽车保有量连续9年位居全球第一,车桩快速增长趋势明显。截至2023年底,新能源汽车2041万辆;全国高速公路服务区(含停车区)7372个,与建设充电停车位3.2万个,预留建设充电停车位2.76万个,已建设充电桩2.1万个。未来,服务区充电桩、电动车充电量还将持续增长。

(2)光伏发电电能质量差

公路分布式能源系统分布范围广、基础设施复杂,而分布式能源具有间歇性、波动性、孤岛保护等特点,这使得分布式光伏电能质量差、稳定性较差。因此,这也需要在供给侧和需求侧之间建立用电网络,并配备储能系统,确保提供稳定的电源,响应交通部门对供电稳定性的需求。

公路微电网的构建处于探索提升阶段,且储能系统成本较高。储能系统可实现电力削峰填谷,可大大提高分布式电力自发自用比率。但是由于储能技术瓶颈,储能系统成本居高不下,目前公路上利用分布式光伏形成光储充一体化模式的案例较少,已设置分布式光伏的发电设施也没有被充分发掘,这也是目前我国分布式再生能源设备和建设发展的瓶颈之一。

总体而言,分布式可再生能源是未来交通领域能源发展的重要方向,亟须加强顶层设计和技术创新,以实现能源的多元化、清洁化和高效化,在推动可持续发展的同时满足社会经济的能源需求。

第2章
可再生能源在交通领域的应用

可再生能源在交通领域的应用主要通过将一定地理范围内的分布式光伏发电、风电、储能装置、可控负荷、稳定的主电源进行统一整合,形成一个既可以与大电网连接互济运行,又可以独立于大电网的微型电力网络,通过对多可控资源的分类调控,实现以光伏为典型代表的分布式可再生能源的高效利用,提高区域交通的低碳化、清洁化和高效化水平。我国可再生能源在交通领域的应用始于20世纪80年代,主要通过光伏发电为偏远地区交通信号灯、紧急电话等供电,特点是规模小、成本高、供电不稳定。随着风电、光伏等可再生能源技术的不断进步和成本降低,可再生能源在交通领域的应用场景逐步扩展到隧道通风以及为高速服务区、收费站、车站等交通服务设施供电上。特别是光伏发电凭借光资源分布广泛及应用灵活的特点,跨界融合发展趋势愈发凸显,"光伏+"在交通领域的应用已广泛涵盖公路、铁路、水运和航空等领域。

截至2023年底,已在国家可再生能源发电项目信息管理平台建档立卡系统建档立卡的在运交通分布式可再生能源项目592个,总装机397.6兆瓦,涉及23个省(市、区),可再生能源技术应用主要是分布式光伏发电(590个)和少量风电(2个),从应用分布来看主要集中在经济较为发达的浙江、湖北、江苏、上海、天津、福建和山东,7省(市)装机占全国的74%。

项目应用场景涵盖公路、铁路、水运和航空四大交通领域。在交通分布式可再生能源项目数量方面,公路项目数量503个、占总数的85%,其次为铁路项目数量52个、占总数的9%,航空和水运项目较少,占总数的6%(如图2-1所示)。在装机规模方面,公路项目装机规模最大,装机184.3兆瓦,占总装机的46%;铁路、航空、水运分别装机117.3兆瓦、60兆瓦和36兆瓦,占总装机的30%、15%和9%。在单体项目容量方面,平均单体容量为0.67兆瓦,其中以航空平均单体容量最大,为2.73兆瓦,其次为水运2.40兆瓦、铁路2.26兆瓦和公路0.37兆瓦(如图2-2所示)。

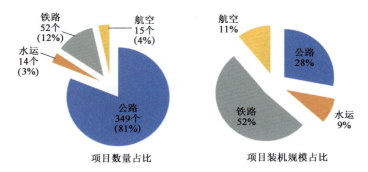

图2-1 分布式可再生能源项目在各类交通应用数量和规模情况

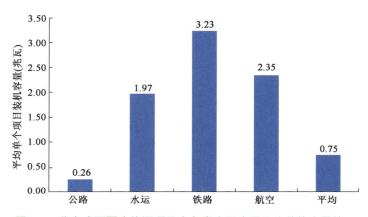

图2-2 分布式可再生能源项目在各类交通应用平均单体容量情况

2.1 公路领域应用情况

2.1.1 公路领域应用现状

公路领域光伏发电在公路交通应用场景丰富。

目前,光伏发电在公路交通领域的应用主要包括高速公路服务区、收费站、互通立交区、边坡、隧道口光伏发电和沿线设施光伏发电。沿线设施光伏发电系统功率较小,直接用于公路轮廓标、警示灯、LED标志牌、摄像机等负荷供电。

根据全国可再生能源发电数据库收集样本,截至2023年底,全国在运公路分布式项目503个,装机规模184兆瓦,主要以高速服务区、收费站、加油站分布式项目为主,项目数量和装机规模占公路分布式项目的94%和85%;隧道、互通区、边坡分布式项目数量仅占公路分布式项目的4%、1%和1%,装机规模分别占8%、5%和2%。在建设开发条件方面,高速服务区、收费站、加油站自身能源消耗大、光伏铺设条件较好,其次是铺设面积较大的高速互通区分布式光伏项目,边坡、隧道分布式光伏由于并网条件相对较差、线损较高导致建设规模较少(如

图 2-3 所示)。

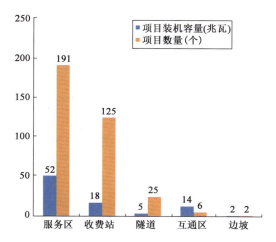

图 2-3　分布式可再生能源项目在公路各场景、应用情况

从单个项目装机容量看,高速互通区、边坡分布式光伏项目单体平均容量较大,分别为 2.11 兆瓦、1.06 兆瓦,其次为隧道、服务区、收费站和加油站,分别为 0.45 兆瓦、0.44 兆瓦、0.29 兆瓦和 0.20 兆瓦。在项目布局方面,公路分布式光伏项目主要分布在浙江、江苏、江西、湖北、山东等中东部地区,这主要与中东部地区光伏上网电价普遍高于西部地区有关。

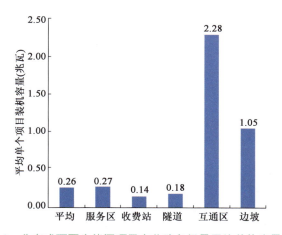

图 2-4　分布式可再生能源项目在公路各场景平均单体容量情况

2.1.2　公路领域应用案例

通过对分布式可再生能源应用现状的研究,结合全国近十年已收集案例,选取案例重点应用省份(如山东省、江苏省、湖北省、河北省、天津市等省、市),经过筛选,选取山东省济南市东服务区、北京市京礼高速隧道、江苏省 G15 沈海高速公路南沈灶互通、山东省荣乌高速作为公路领域应用典型案例,综合分析其应用方式、应用规模、技术路径、建设模式、运营模式、应用效果。

2.1.2.1 山东省济南东零碳服务区

（1）项目简介

济南东服务区项目装机容量和储能规模是目前全国同类服务区建设项目之最，实现了服务区100%"绿电"供应，是国内首个实现自我中和的"零碳服务区"。

济南东服务区位于青银高速公路K315公里处，地处济南市章丘区龙山街道党家镇，距3A级白云湖风景区10公里。服务区占地300亩（约20公顷），分为南、北两区，单侧综合楼建筑面积6555.55平方米，设置普通停车位610个，无障碍停车位14个，大客车停车位56个，大型货车、危化品车停车位196个，是山东省规模最大的服务区之一。

该项目于2022年4月底开工，2022年6月初完成建设。

（2）项目特点

项目充分利用高速公路边坡、停车场和屋顶等区域，建成了总装机容量3.2兆瓦的光伏电站，配套3.2兆瓦时储能设备，日均发电量10000千瓦时以上，同步研发了全国首个具有自主知识产权的服务区能源智慧管控系统（图2-5～图2-8）。前期能源发展公司已经投运山东高速集团所辖的济阳、滨州西、盐窝等44个服务区，光伏电站建设总装机容量约9.5兆瓦。

济南东服务区边坡部分采用质量轻，可弯折柔性光伏组件，使用柔性支架安装。轻质组件采用新型封装结构，以含氟复合材料取代玻璃，无金属边框设计，安全性能更高，且具有自清洁功能，降低了运维成本。

能源智慧管控系统，首次搭建交通行业数字孪生能源管控可视化平台，涵盖了光伏、储能、微网、照明、暖通空调和污水处理等所有间接碳排放源数据互通和集中管理；创新了能源的可视化监管和智慧化管控方法，对整体能源流动进行实时监测、分析和智慧管控，确保服务区内用户的舒适感及服务区可持续碳中和目标的稳定实现。

（3）应用效益

济南东服务区项目光伏电站首年利用小时数为1080小时，项目运行期25年，运行期内预计可累计发电量约8190万度，年均发电量约328万度，实现年收入约227万元，2023年全年发电368万度，日均发电1万度以上，远超日均用电6000度。实现年收入约255万元，节约标准煤49661吨，减排二氧化碳124559吨。

图2-5 山东省济南东零碳服务区平面俯瞰图

第2章 可再生能源在交通领域的应用

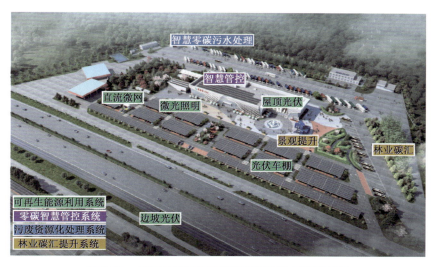

图 2-6　山东省济南东零碳服务区光伏布置示意图

图 2-7　山东省济南东零碳服务区光伏布置局部图（边坡、光伏车棚、屋顶光伏）

图 2-8　山东省济南东零碳服务区能源管控系统

2.1.2.2 北京市京礼高速隧道分布式光伏

(1) 项目简介

京礼高速(北京段)绿色能源综合服务项目于2022年4月15日开始并网运营,建设在阪泉服务区进、出京屋顶及三处隧道间桥梁遮雪棚处,共分为5个子电站,应用场景为服务区屋顶、隧道间遮雪棚。光伏装机总规模1244.88千瓦,太阳能板选用晶澳、阿特斯优质单晶硅组件,逆变器选用阳光电源组串式逆变器,其他设备均由许继、沈阳飞驰等国内一线供应商提供。本项目入选工业和信息化部"智能光伏试点项目名单"。

(2) 项目特点

本项目采用合同能源管理模式,以光伏建设场地租金形式(8万元/年)与道路产权方共享收益。运营前3个月,该项目5个子电站发电量共334138.2千瓦时,预计年均发电量117万度。

本项目是在交通强国背景下开展的绿色能源建设模式的重要尝试,实现了绿色能源和高速公路的融合发展,为高速公路用户提供了更清洁环保的能源,为未来智慧交通、充换电网络建设提供了能源保障。

项目将光伏系统引入隧道,为用电设备提供绿色能源,彰显了绿色交通理念。隧道间桥梁遮雪棚光伏不仅为高速公路提供清洁能源,而且在隧道桥梁段加装光伏系统还能解决路面融雪结冰问题,并可减少驾驶员在隧道连接处由于光线变化产生的视觉冲击,降低行车风险。光伏系统安装在服务区屋顶及棚顶,降低风吹、雨淋及日晒的直接作用,同时将太阳能量转换为电能。夏季,光伏组件下方屋面比无遮挡屋面温度可降低6℃~15℃;冬季,因光伏组件运行温度远高于环境温度,可提升屋顶温度5℃以上,具有一定的保温效果,对延长屋顶及棚顶寿命有一定的效果。

本项目将高速公路服务区闲置屋顶区域和隧道间桥梁遮雪棚充分综合利用起来,为用电设备输送绿色能源,初步形成京礼高速公路绿色能源的环保体系,成为高速公路与绿色能源结合的新名片。

(3) 应用效益

京礼高速(北京段)是2022年北京冬奥会延庆赛场与张家口崇礼赛场的直达高速通道。作为北京冬奥会的重要配套基础设施,公路建设方围绕绿色办奥的宗旨,在建设开通运营以来,不断探索减污降碳协同增效的路径。本项目为高速公路运营提供了绿色供电试点示范方案,实现了较为可观的碳减排量,预计年均实现发电量117万千瓦时,可节约标煤383.76吨,相应每年可减少多种大气污染物的排放,其中减少二氧化硫(SO_2)排放量约35.1吨、氮氧化物(以NO_x计)17.55吨、二氧化碳(CO_2)967.59吨、烟尘318.24吨。

本项目除了解决电动汽车集中充电,为绿色可再生能源引入对电网安全稳定的冲击提供解决方案外,还能够提供绿能,可满足高速公路路网对绿色可再生能源的巨大需求(如图2-9、图2-10所示)。

图 2-9　京礼高速三处隧道光伏　　　　　图 2-10　京礼高速阪泉服务区屋顶光伏

2.1.2.3　江苏省 G15 沈海高速公路南沈灶互通收费站分布式光伏

(1) 项目简介

本项目推动了江苏省高速公路首批互通区分布式光伏电站建设,创新性实现了新能源太阳能电站与互通区景观绿化的交互融合。2017—2018 年期间,在 G15 沈海高速江苏省段 4 个收费站(蔡桥、兴桥、南沈灶、白蒲收费站互通区域)互通闲置场地进行建设,采用全额上网分布式光伏电站 4 座,总装机容量 13.58 兆瓦。

(2) 项目特点

项目综合考虑场地原有地形地貌、高速公路营运安全、场区景观提升等多种情况,本着功能协调、景观优美的要求,打造高速公路互通区园林式光伏应用生态模式,使互通区变荒为景,以创新的形式实现了高速公路"五清三化"综合治理,探明了交通光伏规模化推广的现实途径。

作为云杉清能公司高速互通区的示范项目,该工程以沿海高速南沈灶互通区为创新示范点,按国内率先、行业领先的标准建设光伏电站。项目位于盐城市代管的省辖东台市沿海高速南沈灶收费站互通区内,所在地太阳能资源较丰富,气候条件较佳,地理环境较优,交通运输条件良好,接入条件优越,且互通区内单体利用面积大,有利于快速形成光伏能源产业的规模效应,具有较好的开发优势。

互通区分布式光伏电站项目采用全额上网模式,充分利用高速互通匝道闲置场地,并将光伏电站与互通区域的自然景观相结合,使清洁能源发电、交通运输、节能减排、互通绿化养护高效整合在一起,盘活了高速公路沿线闲置资源,对促进高速公路路衍经济发展进行了有益的尝试(如图 2-11、图 2-12 所示)。

(3) 应用效益

项目具有良好的社会效益和经济效益,项目年均上网绿电量达 1500 万度,年均节省标准煤约 4500 吨,减少二氧化碳排放约 1.2 万吨。截至 2021 年底,高速互通光伏项目累计生产清洁电量 6000 万千瓦时,相当于节约标准煤约 1.8 万吨、减排二氧化碳约 4.9 万吨,环境效益和社会效益显著。

图 2-11　G15 高速江苏省段南沈灶互通光伏项目（全景图）

图 2-12　G15 高速江苏省段南沈灶互通光伏项目（局部景观）

2.1.2.4　山东省荣乌高速边坡光伏

（1）项目简介

山东高速能源发展有限公司选取山东高速集团所辖荣乌高速荣成至文登段共 2300 米高速公路，在其南坡进行边坡光伏试验项目建设，2021 年 11 月 20 日开工，2021 年 12 月 31 日建设完成，装机容量 2.01 兆瓦，截至 6 月中旬共计发电量约 142.91 万度，远超过项目预期 137.2 万度的发电量。该项目是全国首个高速公路边坡光伏试验项目。

（2）项目特点

项目以"高速公路边坡光伏成套技术标准化应用研究"为课题进行立项，围绕高速公路边坡光伏涉路安全评估及防护、边坡稳定性评价、边坡光伏设施配套新型设备材料开发进行边坡光伏地方标准的起草及制定。

该项目在新型组件选用、安全防护设施强化和研究标准制定等方面开展了相应的探索与研究。选用新的组件材料时，通过优化设备选型，首次引入质量轻、可折弯的柔性组件，比常规组件重量降低 75%，桩基数量减少 50%，可实现自清洁，有效降低二次伤害、提高了安全性能并降低了运营成本。为强化安全防护，将 500 米试验路段护栏等级提升到 SA 级并进行对比试验。对光伏组件边框等棱角处进行柔性包裹，安装单悬臂警示牌和能效监测、视频监控系统，选用带故障自动关断功能逆变器等，加强安全防护。研究制定的《高速公路边坡光伏发电工程技术规范》已发布。

（3）应用效益

预计该项目运行期内可累计发电量约 5525 万度，年均发电量约 221 万度，实现年收入约 87.3 万元，预计 2022 年节约标准煤 51189 吨，减排二氧化碳 128390 吨。山东高速能源发展有限公司通过边坡光伏项目的建设，有效盘活了山东高速集团路域资源。

2.1.3　小结

公路领域是分布式可再生能源应用的重要领域，公路领域分布式可再生能源应用案例数量多、应用场景丰富、发展潜力大，对其他交通领域的分布式可再生能源应用具有很好的借鉴意义。

（1）因地制宜充分利用路域可用能空间

从应用案例来看，分布式光伏应用在公路服务区、匝道互通、边坡、隧道均有应用场景，应用场景非常广泛。如济南市东服务区将光伏应用作为实现服务区碳中和的重要手段，在边坡、屋顶设置光伏设备，在实现服务区供电自发自用、余电上网的同时，实现了"电站即车棚、车棚即电站"的统一；江苏省南沈灶互通光伏项目作为国内首批创新工程，探索和开创了功能协调、景观优美的高速公路互通区园林式光伏应用生态模式，盘活了路域闲置土地，实现了交通基础设施资源综合利用与节能减排、经济效益、社会效益相统一；京礼高速公路隧道充分利用光伏为隧道提供照明，同时还解决路面融雪结冰问题，这也是为了北京冬奥会所做的创新。

（2）分布式光伏应用结合了公路用能需求

分布式可再生能源，尤其是光伏设施，在服务区、隧道场景应用较多，布置向公路用能、电力负荷端集中，为分布式可再生能源发电提供了充足的消纳空间，并且基本采用自发自用、余电上网或全额上网等并网方式，应用技术相对成熟。

（3）投资运营模式多元化

通过对案例运营模式的梳理，公路领域结合目前政策、技术要求，在运营模式方面进行了多途径探索，总结出以下三类模式：

模式一：引入能源公司成立合资公司。如南方电网综合能源股份有限公司与广东交通实业投资有限公司成立合资公司，由合资公司开展茂名地区和梅州地区高速公路分布式光伏项目建设；甘肃省公交建集团所属高速公路服务集团引入社会资本，对 G30 连霍高速公路武威服务区分布式光伏发电项目进行投资建设，总投资 189.5 万元，建设规模 486 千瓦，设计年平均发电量约 64.35 万度。山东临临、临腾等多条高速公路分布式光伏项目也拟引入社会资本进行投资建设、运营。

模式二：采用能源合同管理模式，引入能源公司进行投资、建设、运营，并以电价优惠或者场地租金的方式获取回报。以京礼高速为例，招商国网绿色能源科技有限责任公司，通过与华祺投资有限责任公司签订能源服务合同，用户提供场地获取租金或低折扣电价，华祺投资有限责任公司负责投资、建设、运维、能源服务、余电销售，以光伏建设场地租金形式（8 万元/年）与道路产权方共享收益，形成高速公路绿色能源"合同能源管理"的建设收益模式。

模式三：自行投资，成立新能源子公司。如山东高速新能源开发有限公司下属公司为山东高速集团提供绿色能源综合解决方案，推动增量配网、区域配售电、绿证交易等业务。江苏交通控股有限公司以江苏云杉清洁能源投资控股有限公司为主体,采用在区市发改部门统一立项备案,破解了原来需要在6个县(市)发改部门分别备案的难题,加大了全路网光伏能源利用的实施力度,减少了公司管理层级。

总体来看,分布式光伏发电在公路领域应用已进入广泛推广应用的蓬勃发展期。然而,现有公路领域能源系统仍然存在以下两方面不足:

(1) 公路能源系统自然资源禀赋开发不足

公路系统承载着丰富的可再生能源,但目前清洁绿色能源在交通领域的渗透率低,尚未被充分利用。如边坡可用能空间潜力较大,但是目前边坡应用场景技术还存在约束,如何保证边坡上架设太阳能板等设备的稳定性和安全性、如何确定合理的能量转化以及储备设备的架设位置、如何实现全线并网不对电网造成产生大的影响等都是亟须研究的问题。

(2) 公路能源系统与自然资源禀赋不适配

目前运行模式主要分为"自发自用""余量上网"及"全额上网"三种,还缺乏适应多场景、绿色弹性的公路能源系统支持保障技术体系。

(3) 并网方面还存在限制

公路跨越不同区域,各地对并网的要求有差别、对并网有限制、并网手续烦琐。例如,河北省对边坡光伏、地面光伏上网还存在限制,内蒙古自治区2022年新发布的《内蒙古自治区关于全额自发自用新能源项目实施细则》要求配建的新能源须全额消纳、不向公共电网反送电等。

2.2 铁路领域

2.2.1 铁路领域应用现状

铁路用电包括牵引用电和非牵引用电。其中,铁路牵引用电需求巨大,对电能质量和供电安全也要求较高,主要来自公共大电网,经牵引将电压等参数调整到合适的水平,尚无法直接用分布式可再生能源就地转化。目前,只有通过提高电网可再生能源电力比例,间接提高铁路可再生能源利用率。因此,分布式可再生能源在非牵引领域应用场景更为广泛。铁路沿线站段较多,规模较大,用能也比较集中,通过在车站屋顶、铁路沿线加装分布式光伏,可实现站内及沿线设备用电的可再生能源替代。

近年来我国已有多个高铁站屋顶分布式光伏电站并网发电。2010年4月,武汉火车站光伏建筑一体化项目并网发电,项目装机2.2兆瓦,是我国第一个规模较大的铁路客站光伏电站项目;2013年6月,高铁杭州东站10兆瓦屋顶光伏项目并网发电;2013年6月,高铁南京南站10.67兆瓦屋顶光伏项目并网发电,是全球最大的火车站屋顶光伏发电项目;2020年12月,雄安站站房6兆瓦屋顶分布式光伏发电项目正式并网运行,可满足包括照明、空调、电梯等设备20%的站内用电。相比于高铁站等建筑屋顶分布式光伏,高铁沿线目前光伏项目相对较少。2018年12月,济南至青岛的济青高铁开通运营,除沿线济南东客站、淄博北站、潍坊北站、红岛站4个站房雨棚上建有10兆瓦光伏发电设备外,高铁沿线线下光伏也建有累计容量34兆瓦的光伏设备。这是全国首个高铁沿线线下光伏发电项目,对后期光伏高铁融合发展具有借鉴意义。

在铁路领域,光伏发电的应用场景主要集中在场站。根据全国可再生能源发电数据库收集样本,截至 2023 年底,我国铁路分布式光伏项目 52 个,装机规模 117 兆瓦,绝大部分为屋顶分布式光伏项目,以满足高铁站非牵引用电需求为主。从单个项目装机容量看,铁路分布式光伏项目平均容量为 2.26 兆瓦,大大高于公路分布式光项目 0.37 兆瓦的容量规模。从项目区域分布看,上海、浙江和河北铁路分布式光伏项目装机规模位居全国前三,装机容量分别占全国铁路分布式光伏的 27%、18% 和 17%。

2.2.2 铁路应用案例

通过对分布式可再生能源应用现状的研究,结合全国近十年已收集案例,经过筛选,选取雄安高铁站、锦白铁路作为铁路领域应用典型案例,综合分析其应用方式、应用规模、技术路径、建设模式、运营模式、应用效果。

2.2.2.1 河北省雄安高铁站分布式光伏项目

(1)项目简介

雄安高铁站屋顶分布式光伏发电项目,建设地点位于雄安高铁站站房顶部,屋面发电系统铺设面积约为 4.2 万平方米,使用 17808 块多晶硅电池组件,总容量为 5.97 兆瓦,采用"自发自用,余量上网"的并网模式,年均发电量 580 万千瓦时。项目于 2020 年 6 月 24 日开工建设,2020 年 12 月 25 日正式并网发电。截至 2022 年 6 月 1 日,已安全运行 524 天,累计总发电量 766.85 万千瓦时。

项目 2022 年预计发电量 630 万千瓦时,相应减少二氧化碳排放约 4888 吨,从而践行雄安新区"生态优先、绿色发展"的理念。

(2)项目特点

雄安高铁站屋顶分布式光伏发电项目具有典型示范引领作用,已荣获中国节能协会节能服务产业委员会 2020 年度合同能源管理优秀项目,并成功入选 2021 年生态环境部绿色低碳典型案例集,成为雄安新区首个获评项目。

2021 年 7 月 29 日,国网雄安综合能源服务有限公司与澳大利亚 YNIWM 公司签署完成"国际可再生能源证书(I-REC)项目购买协议",将雄安高铁站屋顶分布式光伏发电项目 2021 年 1—5 月 67.5 万千瓦时绿色发电量签发获得的 675 张国际绿证形成的碳资产出售给对方。这是雄安新区首笔碳资产全球交易及首笔国际绿证业务。

2021 年 9 月 3 日,国网雄安综合能源服务有限公司参加北京电力交易中心组织的绿电交易,就雄安高铁站屋顶分布式光伏发电项目 2021 年 10—11 月份 15 万千瓦时发电量达成交易,购电方是新兴铸管股份有限公司(位于河北省武安市境内)。这也是雄安新区达成的首笔绿电交易。

项目设计对标国际一流,采用建筑一体化理念,在确保组件发电效率的同时,满足了雄安高铁站"青莲滴露"的设计寓意。同时依托城市智慧能源管控系统(CIEMS)打造了光伏建筑信息化模型(BIM)可视化运维监控系统,利用云、大、物、移、智等技术实现监控、运维等各环节数字化,实现光伏电站数字孪生场景构建,有效确保了电站的安全、可靠运行。项目采用合同能源管理模式,运营期 25 年,由国网雄安综合能源服务有限公司负责项目投资、建设、运营,通过收取发电效益获得收益。运营期满后,资产整体将移交给雄安高速铁路有限公司(如图 2-13、图 2-14 所示)。

图 2-13 雄安高铁站屋顶分布式光伏发电管控系统

图 2-14 雄安高铁站屋顶分布式光伏发电

(3)应用效益

项目年均利用小时数 960 小时,年均发电量约 580 万千瓦时,年均发电电费收入约 210 万元,在实现良好经济效益的同时,为高铁站输出了源源不断的绿色电力。同时,每年可节约标准煤约 1800 吨,相应减少二氧化碳排放约 4500 吨,减少二氧化硫、氮氧化合物、烟尘等污染物排放,相当于植树 12 公顷,取得良好的环境效益。

2.2.2.2 锦白铁路绿电替代综合智慧能源项目

(1) 项目简介

锦白铁路绿电替代综合智慧能源项目,沿锦白铁路18个车站建设,规划建设容量8.56兆瓦,其中5个站点位于内蒙古自治区赤峰市,2个站点位于辽宁省葫芦岛地区,其余11个站点位于辽宁省朝阳地区。项目采用"自发自用、余电上网"模式,分为两阶段实施,建设场所为铁路沿线车站自有。此次并网的第一阶段(4个车站)2.155兆瓦已于2022年6月完成并网(如图2-15所示)。

图2-15 锦白铁路一期8.56兆瓦绿电替代综合智慧能源项目

(2) 项目特点

项目利用车站屋顶、空地、附近的路基边坡设置分布式太阳能光伏组件区,共采用单晶硅单面450瓦组件342块、单晶硅双面450瓦组件2187块、单晶硅单面540瓦组件9486块、单晶硅双面540瓦组件4410块,合计16425块组件。工程采用固定支架方案布置,其中边坡区域采用随坡就势布置方案;光伏车棚区域采用10°倾角布置方案;屋面区域采用20°倾角竖向单排布置方案;地面区域采用最佳倾角竖向双排布置方案,其中邰集屯站和墨台子站由于场区面积因素及装机容量的要求,组件倾角分别为25°和30°。光伏组串根据当地区域面积大小、地理情况分别采用18块组件一串和16块组件一串。

并网接入工程结合锦白铁路车站配电系统现状及分布式电源的规划,按照就近接入,就地平衡消纳的原则,通过并网配电箱接入就近箱变低压侧380伏母线。通过无线通信网络将光伏发电设备信息及发电量信息统一上传至管理云平台,实现集中监控和实时分析。

项目按25年运营期考虑,单晶硅组件首年衰减2%,以后逐年衰减分别为0.45%和0.55%,总上网电量约为29596.74万千瓦时,年均上网电量约为1183.87万千瓦时,年均利用小时数为1369.92时。

本工程主要在设备选型方面采取节能措施,其中设备节能主要包括:①根据光伏发电系统输出容量的特性变化,合理选择升压变压器容量,以降低变压器损耗;②合理配置光伏发电系统交、直流电压等级,降低线路铜损;③逆变器选型时要优先选择高效率、高可靠率的设备;④全场采用低耗节能变压器,降低变压器损耗,节约场用电;⑤照明系统选用LED节能光源,提高照明质量,降低能耗。

项目利用现有电力设施进行变压器扩容,对现有电力线路进行改造,满足电力送出和自用要求,以综合智慧能源为核心,结合物联网技术,依托"天枢一号"开放式数字化能源管控平台,在行业内率先建设智慧化车站,利用绿电替代,减少碳排放,探索电、热、水综合智慧能源系统在铁路车站的示范应用的同时,达到提升车站智慧化水平,改善员工工作环境和效率的目的,实现对水、电、暖系统的数据统一智慧化管理,最大化实现节能降耗,提升铁路环保水平和经济效益。该项目为全国提供可复制、可借鉴、可推广的铁路+智慧能源工程样板。

(3)应用效益

项目年发电量1183.87万千瓦时。按火电每千瓦时电量消耗305.5克标准煤计算,每年共可节约标准煤约3616.72吨。按照火电站各项废气、废渣的排放标准:烟尘为0.4克/千瓦时、二氧化硫2.3克/千瓦时、二氧化碳822克/千瓦时、灰渣119.45克/千瓦时,本工程每年可减少排放烟尘约4.74吨、二氧化硫约27.22吨、二氧化碳约9731.41吨、灰渣约1414.13吨,还可节省水资源,同时还避免产生噪声影响。

项目总投资收益率、项目资本金净利润率分别为3.93%和9.92%;在整个计算期内,项目投资财务净现值大于零,资本金财务内部收益率8.92%,具有一定的盈利能力。从长远看,产业结构的改善,经济增长方式的转变,必将带动区域经济增长质量的提高,有效提高环境质量,创造良好的投资环境,吸收更多的外来资金投入,具有良好的经济效益、社会效益和环境效益。

2.2.3 小结

铁路领域电气化水平较高,较早就开始研究、开发和推广利用新能源和可再生能源技术,目前应用的种类主要包括太阳能、地源热泵、空气源热泵。与其他交通领域相比,铁路领域光伏发电有着以下独特的发展优势。

(1)可利用空间大,规模大、效益显著

铁路领域利用建筑、屋顶、顶棚等可利用空间较大,可用于集中建设光伏发电设施。近年来,我国在改扩建的车站和大型高铁站正大力开展屋顶光伏并网发电工程:如雄安高铁站,装机规模5.97兆瓦,每年可为雄安高铁站提供约580万度清洁电力;武汉火车站在车站顶棚上安装了2.2兆瓦光伏发电系统,日均发电超5000千瓦时;杭州火车东站屋面光伏总装机容量达10兆瓦,据估计年发电量近1000万千瓦时,发电量足以维持站内每天的能耗,被誉为"零碳排放建筑";南京站装机容量达10.67兆瓦,2013年正式并网后成为全球最大的单体并网发电的光电建筑;上海虹桥站装机容量6.5兆瓦;青岛站装机容量500千瓦;北京南站装机容量240千瓦。以上项目都取得了较好的经济及社会效益。

(2)消纳空间大

铁路领域的电气化率约为74.9%。据相关数据统计,截至2023年年末,全国铁路营业里程达15.9万公里,高速铁路运营里程达4.5万公里,全国铁路复线率和电气化率分别达到60.3%和75.2%。根据国家发改委印发的《中长期铁路网规划》(2016—2025),预计到2025年,我国铁路网规模将达17.5万公里,其中高速铁路达3.8万公里。而随着我国铁路高速、重载化的大力推进,牵引功率还将与日俱增,铁路领域在用能方面存在巨大的需求,具有极好的新能源消纳潜力。

（3）容纳潜力大

铁路领域在能源网和交通网地理空间存在天然交集，为分布式可再生能源，尤其是光伏应用、开发提供并网条件和容纳空间。

但是，铁路领域在分布式可再生能源应用存在以下不足：

（1）分布式可再生能源发电满足不了铁路高质量用电需求

分布式可再生能源具有间歇性、波动性、孤岛保护等特点，这使得分布式光伏电能质量差、稳定性较差。因此，需要在供给侧和需求侧之间建立用电网络，并配备储能系统，确保提供稳定的电源，以响应交通部门对供电高质量、稳定性的需求。

（2）牵引领域（能耗超过总能耗50%）光伏研究应用不足

目前国内外针对光伏在电气化铁路中的应用主要集中于非牵引领域（除机车之外的用能），能耗占比更高的牵引领域（即机车用能）未受到应有的重视，能够涉及的相关研究才刚刚起步，且多集中于整体方案设计，仍缺乏深入、系统的研究，尤其是对光伏接入后全系统运行特性及其影响机理等内容的探讨。而牵引供电系统作为一种极为特殊的复杂应用环境，在其接入过程中势必会面临诸多问题。因此，下一步重点发展方向是：推进牵引供电系统有利于铁路绿色发展，推进能源互联网的建设，同时可促进光伏电能就近消纳，拓宽其去补贴的商用化市场。铁路有可能成为交通领域率先实现大面积低碳化或无碳化的探路者，社会、经济效益将更加显著。

2.3 水运领域

2.3.1 水运领域应用现状

水运领域风光储一体化发电在港口码头应用前景广阔。

水运交通分为沿海运输、近海运输、远洋运输、内河运输，水运交通能耗主要包括动力、非动力船舶用能和以港口、码头为主的岸上用能。船舶动力用能主要依靠船载燃料，非动力用能主要依靠船载燃料发电和岸电系统充电，港口、码头用能主要依靠岸电系统。随着我国港口吞吐量的持续增大，用电量也在持续增长，通过充分利用港口仓库顶棚建设光伏发电系统、利用港口空间和自然资源建设风力发电系统，除了可以满足港口生产和辅助生产电力需求外，还可以将电反送电网，提高港口经济效益。

我国多个港口已开展分布式可再生能源发电及"风光储一体化"系统探索，其中一些项目已并网发电。2021年6月，珠海洪湾港1.8兆瓦分布式光伏发电项目并网发电，产生的电再并入港区电网，供应设备使用；2021年12月，天津港北疆港区10.43兆瓦"风光储荷一体化"项目并网发电，这是全球首个零碳码头智慧绿色能源系统，其中风电装机容量9兆瓦，光伏采用光伏建筑一体化（BIPV）模式（装机容量1.43兆瓦），项目采用"自发自用，余电上网"模式；2022年5月，南通港横港沙新基地2兆瓦光伏发电一期项目建成投产，在港区内约2万平方米屋顶建设分布式光伏电站；2022年6月，沧州黄骅港综合智慧能源项目3.67兆瓦分布式光伏成功并网,建有2座充换电站,服务约100台换电重型载货汽车,为港内运输清洁化提供支持。

根据全国可再生能源发电数据库收集样本,截至2023年底,我国水运交通分布式光伏项目约15个,装机规模360兆瓦,主要为港口屋顶分布式光伏项目(13个)和少量码头分散式风电项目(2个)。从单个项目装机容量看,水运交通分布式光伏项目平均容量为2.4兆瓦。从资源的理论可开发量和消纳条件看,单个港口相较于单个火车站、空港、高速公路服务区具备安装更大规模光伏发电、风力发电设备的可能性。

2.3.2 水运领域应用案例

通过对分布式可再生能源应用现状的研究,结合全国近十年已收集的案例,经过筛选,选取天津港作为水运领域应用典型案例,综合分析其应用方式、应用规模、技术路径、建设模式、运营模式、应用效果。

2.3.2.1 天津港C段零碳码头

(1)项目简介

天津港C段智能化集装箱码头是全球首个智慧零碳码头,通过"风光储荷一体化"系统实现绿电自主供应、全程零碳排放,是天津港集团打造的全新2.0版自动化集装箱码头。

为全面贯彻落实碳达峰碳中和战略目标,加快构建绿色港口发展新格局,天津港集团与天津中远海运联手,提前研究、超前布局,筹划将天津港C段智能化集装箱码头打造成为世界首个零碳码头。

该项目集合了"风光储控运"综合能源系统。风电项目位于天津港北疆港区C段智能化集装箱码头园区内,根据场区风资源情况,综合考虑园区已有建筑设施,以不影响码头正常作业为前提,选择码头北侧绿化带进行风机建设。该项目安装2台单机容量为4.5兆瓦的风力发电机组,总装机容量为9兆瓦,轮毂高度110米,风机叶尖最低位置距离地面约32.5米,对港区内高杆灯、监控塔架均无影响。光伏项目利用天津港环球滚装码头公司1.6万平方米的屋顶规划1400千瓦屋顶分布式光伏设备。规划储能电站与电动集装箱运输车换电站一体化建设,即利用风、光发电给电池箱充电,多余电量存储于备用电池箱中,按需响应电网,同时可作为动力电池用在车上;通过双向充电模组实现电池箱双向充放电,构成储、充、换一体化的自动化换电站,与风能、太阳能等可再生能源发电形成港区绿电网络,助力智慧港口、绿色港口发展。

(2)项目特点

天津港C段零碳码头示范项目运营初期年能耗为2500万千瓦时,吞吐量达峰时,年能耗约为4700万千瓦时。通过上述项目建设,可以初步实现项目运营初期碳中和,未来将进行二期风电、光伏建设,实现吞吐量高峰时碳中和。

该项目构建"风光储控运"一体化智能微网,通过风机、光伏设备运行状态及控制技术,连续平滑调节有功功率,实现电网调度要求的风电功率及功率变化率的调整、实现全功率变流器并网,减少无功补偿设备投资,具有更优的故障穿越能力(包括高电压穿越和低电压穿越能力)。

该项目同步建设综合能源管控平台,主要包括驾驶舱模块、风机模块、光伏模块、储能模块、港口重点负荷模块、能效分析、数据查询、告警管理模块、3D 模型展示等功能。驾驶舱设计,作为集中信息显示、数据监测的驾驶舱模块,汇总系统最关注的指标信息,满足港口风机、光伏、储能、重点负荷设备的数据统计,指标展示等整体运营监测需求,并作为管理平台整体入口,为港口运行调度监测提供强有力的技术支持手段;呈现港口能源综合情况(消纳占比、发电量、用电量、绿电占比、社会贡献等),实现风机、光伏、储能、关键负荷的基本监测。智慧港口清洁能源各个电源为单立主体,作为清洁能源电力监控,实现港区所有风机设备的数据监控,包括地理位置信息、静态数据、累计发电、今日发电、功率等数据。

  项目打造了全球首个"智慧零碳"码头,设施设备采用电力驱动,由"风光储荷一体化"系统实现绿电自主供应、全程零碳排放,推进新发展理念在港口的全面落实,最大化集成创新优势,牢牢掌握自主可控的核心科技,实现"中国智慧"在港口的泛在应用,开创"智慧零碳"码头全新范例,为集装箱码头迭代升级提供可复制、可推广的"中国方案"。项目的建设落地助力天津港集团锚定世界一流的智慧港口、绿色港口目标,加快建设"智慧零碳"港口,并引领国内各大港口智能化升级和低碳发展,助力可持续交通、可持续发展,为更好服务交通强国、海洋强国战略实施,加快构建新发展格局作出新的更大贡献(如图 2-16~图 2-19 所示)。

图 2-16 天津港

图 2-17 天津港分散式风电

图 2-18　天津港分布式光伏

图 2-19　天津港光伏风光储荷一体化系统

(3) 应用效益

该项目为天津港口集团清洁能源示范项目,总投资约 8000 万元,年发电量约 2520 万千瓦时,可再生能源的供电比例为 80%,每年节约标煤约 7787 吨,年减排二氧化碳 1.99 万吨。

2.3.3　小结

水运领域用能以燃油消耗、煤炭消耗、电能消耗为主,尤其是燃油消耗占比仍然很高。根据我国低碳发展目标以及水运交通行业当前的能源结构,水运交通领域在传统能源供应基础上,应从能源供应源头改变用能形式,积极采用风、光等可再生能源的应用。2021 年 10 月,交通运输部发布了《绿色交通"十四五"发展规划》(简称《规划》),进一步推动港口绿色发展。结合集装箱运输车辆使用新能源、清洁能源的技术经济可行性情况,《规划》提出,国际集装箱枢纽海港(上海港、大连港、天津港、青岛港、连云港港、宁波舟山港、厦门港、深圳港、广州港、北部湾港、洋浦港等 11 个港口)2025 年新能源清洁能源集装箱运输车占比达到 60%,以便有效减少港口碳排放。通过案例分析，水运领域应用分布式可再生能源有以下优势：

（1）具有丰富的风、光资源禀赋

港口企业普遍拥有近海的资源优势，风能技术、光伏技术较为成熟且有政策利好支撑，适宜发展风电开发运营；港口企业拥有大量空旷码头场地，可充分利用办公楼顶、闲置码头及仓储空间，发展分布式光伏项目，实现可再生能源发电电量的存储、转移，起到削峰填谷的作用，降低港口用电成本。

（2）可采用多种运营管理模式

天津港根据实际情况，将风能、光伏发电分别委托行业内金风科技进行建设；江阴临港项目采用了能源合同管理的开发合作模式，由江阴港提供土地，远景能源负责机组投资、建设和运营。

然而，现有水运领域能源系统仍然存在以下两方面可提升环节：

（1）能源融合模式多样，且可再生能源渗透率参差不齐

港区用能设备众多，各种机电系统耦合，能耗大且难以预测，靠港船舶能耗需求具有随机性和差异性；"风、光、储、氢"运行特性各异，不同容量的各能源子系统匹配困难，难以实现整体效率最佳。为此，今后要重点突破"风、光、储、氢"多能源系统融合模式及匹配方法，为水运交通与能源融合提供技术支撑。

（2）多能源系统的能源捕获与稳定控制技术

航道、港口风光资源捕获及其能源化利用是水运交通能源融合发展的基础，同时港区负荷差异大、载荷范围宽等场景特征对"源-荷-储"的柔性互联、功率变换与稳定运行提出了新的要求，因此，实现"航道-港口-船舶"多能源系统的柔性互联与稳定控制是水运交通与能源融合发展所要解决的问题。

2.4 航空领域

2.4.1 应用现状

分布式光伏在航空领域的应用主要集中在航站楼，主要是在机场屋顶建设分布式光伏发电设备。2013年、2015年深圳宝安国际机场先后两期并网10兆瓦（总计20兆瓦）光伏发电项目，是目前我国最大的机场光伏发电项目；2014年6月，上海浦东机场1.7兆瓦分布式光伏并网发电项目，采用光伏建筑一体化（BIPV）设计，主要为停车区车库照明、机电类设备供电；2022年2月，大兴机场停车楼2.8兆瓦光伏发电项目顺利投用，所发电量自发自用，多余电量送入当地配电网。

根据全国可再生能源发电数据库显示，截至2023年底，全国在运航空交通分布式项目22个，装机规模60兆瓦，主要为机场屋顶分布式光伏项目，从单个项目装机容量来看，水运交通分布式项目平均容量为2.73兆瓦。

2.4.2 应用案例

通过对分布式可再生能源应用现状的研究，结合全国近十年已收集的案例，经过筛选，选

取北京大兴国际机场作为民航领域应用典型案例,综合分析其应用方式、应用规模、技术路径、建设模式、运营模式、应用效果。

2.4.2.1 北京大兴国际机场

(1) 项目简介

北京大兴国际机场是全国运用可再生能源比例最高的机场,可再生能源总量占年综合能源消费总量10%以上。

北京大兴国际机场坐落于北京市大兴区与河北省廊坊市广阳区之间,地理位置独特,距北京行政副中心54公里、河北雄安新区55公里。机场占地约4.05万亩,共有4条跑道、150个机位的客机坪、24个机位的货机坪、14个机位的维修机坪、70万平方米的航站楼。整个机场耗资800亿元人民币,预计年客流吞吐量1亿人次,飞机起降量80万架次。该机场拥有目前世界规模最大单体、世界施工技术难度最高、世界最大的采用隔震支座、世界最大无结构缝一体化的航站楼。此外,该机场还拥有国内最大的地源热泵系统工程等,共创造40余项国际和国内第一。

(2) 项目特点

该项目将地源热泵、光伏与常规能源进行了有机结合,做到多能互补。分布式光伏装机规模5.61兆瓦,主要应用在北一跑道南侧区域、停车楼顶、货运区屋顶、公务机库,光伏组件边界距离跑道中心线150米,是全球距离跑道最近的光伏系统。另在蓄滞洪区周边、公务机楼、飞行区服务设施建设浅层地热利用设施,在污水处理厂配置污水源热泵。

北京大兴国际机场北一跑道分布式光伏发电项目是利用飞行区内土面区建设的分布式光伏发电系统,是国内首个在跑道周边建设的光伏系统。

该项目由民航机场业第一家以节能业务为主业的北京首都机场节能技术服务有限公司投资建设,并协同母公司北京首都机场动力能源有限公司进行自主运维,于2019年6月开工,同年9月19日并网发电,总建设规模2.07兆瓦。该项目采用合同能源管理模式,按照自发自用、余电上网的形式设计,利用北京大兴国际机场北一跑道南侧土面区,安装6688块310单晶硅光伏组件、28台逆变器、2台升压变压器等主要系统设备,采用10千伏并网形式,两路电源并至配套区开闭站,年发电量约220万千瓦时。目前,其所发电量均由北京大兴国际机场使用,切实提高了机场可再生能源利用比例(如图2-20、图2-21所示)。

图 2-20 大兴机场航站楼屋顶光伏

图 2-21　北京大兴国际机场北一跑道光伏

(3) 应用效益

项目每年可向电网提供 220 万千瓦时的绿色电力,相当于每年节约 665.5 吨标准煤,减排 1328.8 吨二氧化碳,具有较好的社会效益和环境效益。

2.4.3　小结

民航领域是国民经济的重要组成部分。据统计,民航业碳排放规模约占全国碳排放总量的 1%。未来,可再生能源将在机场节能减排中扮演越来越重要的角色。"光伏+机场"的场景应用较为广泛,如我国北京大兴国际机场、上海虹桥国际机场、深圳宝安国际机场等均已建有太阳能光伏电站,不仅提高了机场的经济效益,同时也达到节能减排的效果,取得了良好的社会效益。

通过案例分析,分布式可再生能源在民航领域应用具有以下特点和优势:

(1) 具有拥有较大可用空间资源和消纳空间

由于机场建筑通常是大型、孤立的低层结构,有较大的空间在屋顶、外立面上安装光伏组件,由此机场也开始逐渐成为光伏发电的一个重要应用场景。特别机场是 24 小时不间断运行的能耗大户,利用所拥有的较多可用空间、畅通无阻地形和大量能源需求,成为了交通领域分布式可再生能源重要的应用场景。

(2) 应用场景不断拓展

目前已有应用场景由航站区向飞行区延伸。光组件应用的绝对安全性已能满足航管飞行要求。

"光伏+机场"的理念已经得到了广泛的认可,国内部分机场也已经开展了探索建设。但就全国整体来看,机场光伏的建设仍然处在初期阶段,"光伏+机场"应用规模不足、分布不均、应用未达到饱和,仍需考虑以下几方面问题:

(1) 投资的可行性方面

随着光伏发电技术的提高,光伏组件的成本不断降低,光伏电站在机场应用的投入产出比升高,投资回收期缩短,应结合规划用地及投入产出分析进行机场光伏电站的合理建设。

此外，项目区峰值日照小时数大于等于1400小时的地区，枢纽机场光伏发电项目的平准化度电成本（LCOE）低于标杆上网电价，具备投资的可行性。且峰值日照小时数越高，项目的平准化度电成本越低，项目收益越高。因此，光伏应用在航空领域应充分评估项目区光照资源。

（2）运营模式方面

根据投资运营主体和结算对象不同，光伏发电项目的运营模式可分为"自发自用、余电上网"运营模式、全额上网运营模式及合同能源管理运营模式等3种。"自发自用、余电上网"和合同能源管理运营模式下枢纽机场光伏发电项目均能得到可观的收益，但"自发自用、余电上网"运营模式的收益更高，不过其投资成本也相对较高。若枢纽机场不想负担较高的投资成本，其光伏发电项目可采取合同能源管理运营模式。在该运营模式下，枢纽机场仅需提供光伏发电项目的用地，项目的风险低且收入稳定。

（3）安全评估方面

我国现阶段没有将太阳能光伏发电系统应用于机场的通用指南，机场在建设光伏电站时缺乏建设依据，使得光伏电站在机场的大面积应用仍面临较大困难。太阳能光伏为机场提供节能减排与提高经济效益的同时，也为机场运行带来了一些潜在的安全风险，例如眩光影响、电磁干扰、风阻、对净空产生的影响等问题。应进一步加强研究，形成机场光伏电站建设指南等相关标准规范，推动光伏在不同区域、不同规模机场的全面应用。

2.5 本章小结

2.5.1 政策支持，光伏应用呈现规模化发展

一直以来，交通运输行业积极落实国家清洁能源发展战略，大力推动行业光伏应用，"十二五"时期以来出台了多项支持政策，为光伏的推广应用营造了良好的政策环境。2012年9月，《关于申报分布式光伏发电规模化应用示范区通知》的发布，标志着光伏分布式应用拉开了序幕。

自2011年起，交通运输部在《公路水路交通运输节能减排"十二五"规划》《交通运输节能环保"十三五"发展规划》《关于实施绿色公路建设的指导意见》《推进交通运输生态文明建设实施方案》等文件中均明确提出要大力推进新能源和可再生能源应用，推动交通运输清洁能源化和绿色发展。

随着国家低碳发展、能源生产和消费革命战略的推进，交通运输行业进一步强化政策支撑力度，我国光伏开发利用方向更加明晰，任务更加明确。2021年8月，交通运输部印发《交通运输部关于推动交通运输领域新型基础设施建设的指导意见》，"鼓励在服务区、边坡等公路沿线合理布局光伏发电设施，与市电并网供电"。2021年10月，交通运输部印发《绿色交通"十四五"发展规划》，提出"因地制宜推进公路沿线、服务区等适宜区域合理布局光伏发电设施""加快基础设施分布式光伏发电设备及并网技术研究"。2022年2月，交通运输部印发《关于积极扩大交通运输有效投资的通知》，提出因地制宜推进公路沿线、服务区等适宜区域

合理布局光伏发电设施。

与此同时,交通运输部联合相关部委,积极制定支持鼓励政策,合力推动交通运输行业光伏发展。2021年9月,交通运输部与科学技术部联合印发《交通领域科技创新中长期发展规划纲要(2021—2035年)》,全面布局交通与能源融合发展科技研发任务,推动交通专用及非碳基能源系统、分布式能源自洽、交通能源一体化建设运维、"源网荷储"协同的交通电气化等技术研究,促进低碳能源应用技术水平提升。2021年12月,工业和信息化部联合交通运输部等五部委共同印发《智能光伏产业创新发展行动计划(2021—2025年)》,要求"加快'光伏+交通'等融合发展项目推广应用,推动交通领域光伏电站及充电桩示范建设"。

在国家战略支持、产业政策引导和市场需求驱动的作用下,2021年一系列与光伏、新能源建设发展相关的政策发布,为"光伏+交通"的发展按下了快进键。通过文献、网络、定向收集,分布式可再生能源在公路、铁路、水运、民航等领域均有所应用。从收集的52个案例来看,分布式可再生能源基本都为光伏发电项目,光伏发电占比100%,其中天津港、江阴港为风光互补型项目。近十年的应用案例的规模和数量都有较大的提升。

综合以上案例分析,分布式可再生能源在我国交通各领域应用总体情况如下:

①公路领域方面:主要是利用服务区、边坡、互通收费站等空间建设光伏发电设施。

②铁路领域方面:主要利用火车站、地面场站顶棚建设光伏发电设施。雄安、武汉、杭州等火车站和上海、深圳等地铁站均建有光伏发电设施。

③水运领域方面:江阴、厦门、天津、珠海等港口利用仓库、办公楼顶棚等建设分散式风电、光伏设施,自发自用补充港口生产和办公用电。

④民航领域方面:主要利用跑道附近区域、停车楼顶、货运区屋顶、公务机库建设光伏发电设施。如北京大兴国际机场利用飞行区内土面区建设分布式光伏发电系统。

2.5.2　需求驱动,光伏应用实现井喷式发展

交通领域从20世纪90年代就开始了分布式光伏和分散式风电的探索应用、试点试验及推广运用工作,经历了最早的离网交通照明、信号灯的分散应用,发展到与交通领域特别是高速公路的深度融合规模化应用,光伏应用支撑了交通绿色发展。

从交通领域分布式光伏应用量来看,根据国家可再生能源信息管理中心统计,装机规模达到374兆瓦,项目590个,特别是2021年光伏发电项目平价上网以来,交通领域分布式光伏项目应用保持快速增长。如图2-22所示。

从分布式光伏交通领域应用空间分布上看,交通领域分布式光伏项目主要分布在经济相对发达、电价较高、路网密集、电力负荷较高的浙江、湖北、江苏、上海、福建、山东、河北和江西,8省(市)装机占比达到82%,项目数量占比达到77%。如图2-23所示。

从交通领域分布式光伏应用场景来看,公路领域应用规模最大,总装机达到184兆瓦,占比49%,主要应用场景是服务区、收费站、互通区和隧道口;其次是铁路,装机117兆瓦,占比31%,主要场景是铁路机车机库;航空,装机60兆瓦,占比16%,主要场景是航站楼;水运领域应用规模最小,装机12兆瓦,占比3%,主要场景是码头。如图2-24所示。

交通与分布式可再生能源融合发展潜力及展望

图 2-22 交通领域分布式光伏项目历年新增装机及数量情况

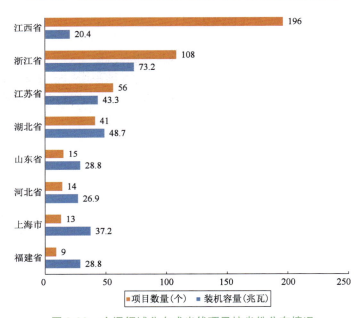

图 2-23 交通领域分布式光伏项目按省份分布情况

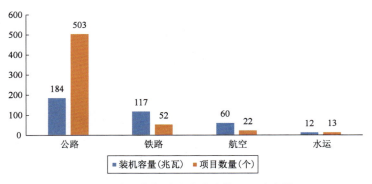

图 2-24 交通各领域分布式光伏项目分布情况

2.5.3 创新应用,光伏应用场景多元化拓展

交通运输是能源消耗与碳排放的大户,光伏发电与交通领域的结合,不仅能够响应国家节能降耗要求,而且也可降低交通运营成本、实现提升经济效益、盘活交通领域闲置资产。

近年来,我国光伏发电在交通应用场景应用越发多元化,应用模式不断推广。而随着光伏技术的进步和成本进一步下降,"光伏+"不断得到拓展(如表2-1所示),应用场景更加广泛。

交通领域适能空间及应用示例 表2-1

交通领域	适能空间	场景示例
公路领域	路基边坡	
	服务区	
	中央分隔带	

续上表

交通领域	适能空间	场景示例
公路领域	收费站	
	互通立交	
	路面	
	路侧空地	

续上表

交通领域	适能空间	场景示例
公路领域	隧道上方	
铁路领域	枢纽场站	
水路领域	港口	

从应用领域上看，公路交通是交通运输能源消耗的主力，应用场景也是最为多元化。高速公路沿线作为长期运营的封闭性交通基础设施，用电耗能十分稳定且呈现增长趋势。据不完全统计，各省份所辖收费站、服务区、隧道等用电耗能每年电费支出在3亿~10亿元，各省高速公路管理集团均属于工商业用电大户。

以公路领域应用场景为例，在服务区屋顶、边坡、隧道隔离带、互通枢纽闲置土地等区域建设分布式光伏电站，将产生的清洁能源应用于交通基础设施或输出到电网系统中，随着用能场景不断丰富，光伏发电利用比例也会逐步提升。以后，随着综合立体交通网的高质量建设，智慧交通、现代物流、5G通信、车路协同等用能场景的不断增加，行业用能规模、应用场景也将进一步拓展。

　　最后,推动交通运输行业因地制宜发展光伏、创新拓展光伏应用场景,对于优化行业能源结构、保证用能安全、推动交通运输行业光伏应用健康发展、实现交通运输低碳发展具有十分重要的意义。下一步还需要相关行业主管部门加强顶层设计,强化部门协同,优化市场体制机制,加大科研创新力度,为"交通+光伏"营造良好的发展环境。

第3章

分布式光伏资源开发潜力

随着我国能源结构绿色低碳转型的不断推进,以光伏为代表的清洁可再生能源将逐步替代煤、油、气等化石能源的主导地位。相较于其他清洁能源发电形式,分布式光伏具有适用范围广、施工要求较低、建设成本较低、发电灵活等特点,因此它已成为交通领域清洁电能的主要方式之一。

在交通运输能耗结构中,公路、铁路、水运领域能源需求大,碳排放量较高,因此亟须用能电气化、清洁能源替代;另一方面,公路、铁路、水运领域也具备良好的空间资源和日照资源支撑分布式光伏的建设开发,从而实现良好的经济效益和环保效益。

本章首先介绍了在公路、铁路、水运三个交通领域的光伏资源分布情况,其次从不同土地资源类型出发,依据太阳能资源禀赋特点分别测算公路、铁路、水运三个领域中不同土地资源类型(不同应用场景)对应的光伏资源总体开发潜力,最后结合现有工程案例的装机水平,估算不同土地资源类型对应的装机容量潜力和年发电量潜力。

我国公路、铁路、水运领域空间资源广阔,各分布式光伏建设利用场景种类较多,日照资源充足,具备丰富的光伏资源开发潜力。然而,不同应用场景下所采用光伏发电技术具有经济、可靠、适用等方面的差异性。因此,确定各项应用场景下的光伏技术开发潜力是分析其商业应用价值与开展各场景分布式光伏建设项目的基础。

光伏发电技术是一项利用半导体界面的光生伏特效应将光能直接转换为电能的发电技术,其技术核心是将太阳能电池经过串联后进行封装保护形成大面积光伏组件,配合功率控制器等部件构成的光伏发电装置。

本章将着重介绍公路、铁路和水运等交通领域的分布式光伏发电技术。从现有工程案例的规模、技术水平、技术类型出发,对不同光伏技术的工程难度、单位装机容量发电量和未来的技术发展趋势进行详细介绍,并估算公路领域现阶段不同技术不同场景下光伏建设的经济性。

单位面积投资成本(c_i^{per})的测算方法如式(3-1)所示,其中 C_i^{init} 为光伏技术 i 的某工程初始投资成本,S_i 为光伏技术 i 的有效利用面积。

$$c_i^{\text{per}} = \frac{C_i^{\text{init}}}{S_i} \tag{3-1}$$

回本年限($year_i^{\text{recov}}$)的测算方法如式(3-2)所示,其中 P_i^{year} 为每平方米光伏年发电量,由年平均太阳能资源禀赋 1625.38 千瓦时/平方米的光伏综合效率 13% 计算,约为 211.3 千瓦时/平方米,π^{PV} 为光伏上网电价。根据《国家发展改革委关于 2021 年新能源上网电价政策有关事项的通知》(发改价格〔2021〕833 号),山东省 2023 年新建风电、光伏发电项目上网电价政策,约为每千瓦时 0.3949 元。

$$year_i^{\text{recov}} = \frac{c_i^{\text{per}}}{P_i^{\text{year}} \pi^{\text{PV}}} \tag{3-2}$$

3.1 公路领域光伏开发潜力分析

3.1.1 公路光伏资源分布特征

据中国气象局太阳能资源中心统计,截至 2021 年,我国年均太阳能辐射量为 1492.6 千瓦时/平方米,国土面积 2/3 以上地区总日照时数大于 2000 小时。中国陆地面积每年接收的太阳辐射相当于 2496 亿吨标准煤的储量。我国不同地区太阳能资源分布具有差异性,根据中国气象局风能太阳能评估中心划分标准,我国太阳能资源地区分为以下四类:一类地区包括我国宁夏回族自治区北部、青藏高原、甘肃省北部、新疆维吾尔自治区东南部等地,年辐射总量在 1855~2333 千瓦时/平方米之间;二类地区包括河北省西北部、山西省北部、内蒙古自治区南部、宁夏回族自治区南部、甘肃省中部等地,年辐射总量在 1625~1855 千瓦时/平方米之间;三类地区包括山东省、河南省、河北省东南部、山西省南部、新疆维吾尔自治区北部、吉林省、辽宁省、云南省、陕西省北部等地,年辐射总量在 1388~1625 千瓦时/平方米之间;四类地区为我国太阳能资源较为欠缺的地区,包括湖南省、湖北省、广西壮族自治区、江西省、浙江省、福建省北部、广东省北部等地,年辐射总量在 929~1393 千瓦时/平方米之间。

高速公路是我国交通运输道路的重要组成部分。我国高速公路网由 7 条首都放射线,11 条南北纵线,18 条东西横线,以及地区环线和联络线等组成。截至 2023 年,我国高速公路规模达到 18.36 万公里,且未来公路规模呈现持续扩张趋势,《国家公路网规划》(发改基础〔2022〕1033 号)提出在 2035 年将建成 46.1 万公里高速公路网。

我国陆路交通能源系统发展战略报告指出,2020 年中国年均公路太阳能资源禀赋达到 1.023×10^3 太瓦时,在未来公路扩张与交通领域新能源渗透下,公路有望成为光伏的重要消纳中心。

3.1.2 公路光伏资源可开发潜力分析

公路领域可用于分布式光伏建设的土地资源包括公路边坡、服务区、隧道出入口、停车场、互通立交、路面等。参考全国公路网 GIS 图、《2021 年交通运输行业发展统计公报》等数据来源,以及《高速公路交通工程及沿线设施设计通用规范》《公路工程项目建设用地指标》《城市停车设施规划导则》等技术规范,经测算,其中道路边坡可利用面积总计为 2851.86 平方千米,服务区可利用面积总计 128.52 平方千米,隧道出入口可利用面积总计 23.27 平方千米,互通立交可利用面积总计1267.48平方米,(依据现有技术规范,按高速公路互通式立体交叉的平均间距15千米、每座立交桥互通圈可利用面积约13.3公顷为参数估算,全国范围内互通立体交叉数量至少达9506座),高速公路路面可利用面积总计2103.25平方千米。

公路领域各利用类型下的总体光伏开发潜力计算公式如下:

$$E_s^{\text{year}} = \sum_{i=1}^{4}(R_i^{\text{aver}} \cdot S_{i,s}^{\text{avail}} \cdot \eta) \tag{3-3}$$

若缺乏分区域的土地面积参数,则以总体资源禀赋和总体土地面积为参考进行测算,如式(3-4)所示:

$$E_s^{\text{total}} = R^{\text{aver}} \cdot S_s^{\text{avail}} \cdot \eta \tag{3-4}$$

其中,E_s^{total}为该类型土地的年发电潜力;R_i^{aver}代表第i类地区内年平均太阳能资源禀赋;$S_{i,s}^{\text{avail}}$为第i类地区对应的土地的可利用面积;η为能量转换平均效率,其计算公式如(3-5)所示:

$$\eta = \eta_1 \cdot \eta_2 \cdot \eta_3 \tag{3-5}$$

其中,η_1为光伏板的太阳能利用效率,与太阳能辐射强度变化、光伏安装角度有关;η_2为光伏平均转换效率,与光伏产品、工况相关;η_3为功率传输效率,与变流器参数相关;综合现有文献数据,分别取η_1,η_2,η_3为91%,16%,90%,则平均转换效率η约为13%。

经测算,道路边坡总体光伏资源年发电潜力为584.6太瓦时、装机容量502.66吉瓦,服务区年发电潜力为36.29太瓦时、装机容量31.2吉瓦,隧道出入口年发电潜力为4.92太瓦时、装机容量4.23吉瓦,互通立交年发电潜力为259.82太瓦时、装机容量223.4吉瓦,公路路面年发电潜力为431太瓦时、装机容量370.59吉瓦,全国范围内公路各光伏开发场景总体资源潜力为1316.63太瓦时、装机容量1132吉瓦,结果汇总图如图3-1所示。

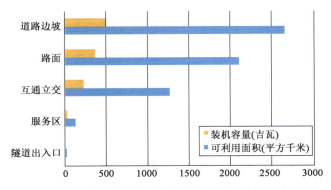

图3-1 全国道路各光伏开发场景总体资源潜力

3.1.3 公路领域光伏发电技术经济开发潜力分析

3.1.3.1 架立式太阳能光伏发电技术

架立式太阳能光伏发电技术,具有安装灵活、不额外占用土地的特点,目前被应用到公路运输领域的众多场景之中,例如高速公路服务区、停车场等建筑设施,公路两侧的边坡、匝道以及公路中央的隔离带区域,应用范围广阔。国内公路领域光伏交通一体化工程已有相关案例基础,例如江西省高速公路分布式光伏发电工程项目,山东省高速公路服务区、边坡分布式光伏项目等,现有案例统计如表3-1所示。在现有政策引导与技术驱动下,架立式太阳能光伏发电技术单晶硅光伏电池组件转换效率达到17%以上,多晶硅转换效率达到16.5%以上。

全国各地区高速公路架立式光伏建设案例　　　　　　　　　　表3-1

时间(年)	地区	详细类型	装机容量(兆瓦)	年发电量(吉瓦时)
2014	陕西	高速汉中东段茶条岭隧道口分布式光伏发电照明系统	0.11	0.15
2015	安徽	公路沿线服务区屋面光伏	1.35	1.03
2016	江西	江西高速公路分布式光伏发电工程项目	12.73	16
2016	广西	南宁市五塘收费站管理区屋面光伏发电	0.3	0.39
2016	湖北	沪蓉高速麻武段中馆驿服务区光伏项目	0.46	0.42
2017	江苏	连徐、沿海、宿淮盐、宁宿徐高速公路沿线服务区分布式光伏	24	—
2021	山东	高速公路服务区、边坡分布式光伏项目	11.6	9.72

在光伏发电技术的升级迭代下,我国光伏电池转换效率进一步提升,主流规模化量产晶体硅电池平均转换效率从"十三五"初期的18.5%提升至22.8%,实现跨越式发展。在现有光储联合、需求侧响应等技术消纳手段下,我国光伏弃光率从2015年的12.6%降至2019年2.0%。同时,为提高土地综合利用价值,我国提出"十四五"期间需要进一步提高光伏单位面积发电能力,减少光伏发电项目建设用地需求。在现有架立式光伏发电技术水平上,若充分利用公路路面、沿线土地、隧道中线土地、服务区、停车场等开展分布式光伏建设,当每平方米装机容量提升1瓦,全国范围高速公路分布式光伏总装机容量可提升2.85吉瓦,光伏电池转换效率每提升0.1%,年发电率可提升44太瓦时。综上所述,当前架立式光伏技术工程案例较为普遍,单位装机容量发电量约为1256.8瓦,相较于承载式路面光伏和光储充电站技术,该光伏技术工程难度较小。参考山西省太原高速公路服务区屋顶架立式光伏工程案例,初始投资成本为680万元,建设面积为9656平方米,估算单位面积投资成本为704元每平方米,结合单位面积年发电量约为211.3千瓦时/平方米,2022年分布式光伏上网电价为0.4元每千瓦时,预计投资回本年限为8.3年。

3.1.3.2 承载式路面光伏发电技术

承载式路面光伏发电技术是光伏发电技术领域与交通工程领域相结合的创新实践,相较于传统安装在公路两侧、分隔带、建筑屋顶等空地的架立式光伏发电技术,承载式路面光伏技术主要将太阳能光伏板安装在道路路面,将光伏发电与交通行车结合,充分利用了路面空间资源,有效解决了光伏发电与就地消纳的能源结构优化问题。

目前承载式路面光伏技术已成为交通领域可再生能源开发的研究热点,2006年至今,世界各国对太阳能光伏路面的开发进程已从构想阶段进入到探索性实践阶段。2014年,荷兰国家应用科学研究院(TNO)铺设了世界首条70米长的光伏路面自行车道,经过现场测试及发电量理论预测模型计算,在最佳性能下可实现150千瓦时/平方米的年发电量。2016年,世界首条可供汽车行驶的长为1千米的太阳能电池板公路在法国建成。2017年,我国在山东省济南市建成世界首条高速公路,光伏铺设长度达 1080 米,约实现 100 万千瓦时的年发电量,具有防滑、高透光率、融雪等功能且能够实现并网发电。关于路面承载式光伏发电技术,国内外的现有工程案例统计如表 3-2 所示。

国内外路面光伏建设案例　　　　表 3-2

时间(年)	国家或地区	详细类型	长度(米)	年发电量(兆瓦时)
2014	荷兰	世界首例光伏路面自行车道	70	11
2016	法国	世界首条光伏公路	1000	/
2017	中国山东省	世界首条光伏高速公路	1080	1000
2018	德国	埃尔夫特施塔特光伏自行车道	90	12

综上所述,由于建设和养护成本、寿命等原因,当前路面承载式光伏技术工程案例较少,国内外路面光伏高速仍处于试验应用阶段。国内仅有山东省济南市一例小规模试点工程,单位装机容量发电量约为 1163 瓦。相较于架立式光伏和光储充电站技术,未来数年里,该光伏技术工程广泛应用仍有较大难度。

2030 年至 2040 年,光伏路面的服役特性仍有待进一步探究。参考荷兰光伏自行车道工程案例,初始投资成本为 2300 万元,建设长度为 70 米,宽 2 米,单位面积投资成本为 16.4 万元,远高于其余公路光伏技术开发成本但路面光伏资源潜力巨大。预计 2025 年后,在光伏材料的开发利用与技术驱动下,光伏转换效率每提高 1% 其材料成本可下降 6%,随建设运行成本进一步降低,路面光伏在公路交通领域会逐步得到普及。

3.2　铁路领域光伏开发潜力分析

3.2.1　铁路领域光伏资源分布特征

铁路线路光伏发电潜力主要受太阳辐射量的影响。我国地幅辽阔,时区跨度较大,根据不同的太阳辐射量可分为四类太阳辐射区域:丰富区、较丰富区、可利用区以及贫乏区。丰富区的年辐射量超过 1860 千瓦时/平方米,较丰富区年辐射 1500~1860 千瓦时/平方米,可利用区年辐射 1200~1500 千瓦时/平方米,贫乏区年辐射量低于 1200 千瓦时/平方米。中国的太阳辐射区域整体上呈现西多东少、南多北少的概况。西北地区不但太阳辐射好,而且地势较平坦,铁路线路中隧道较少。

截至 2023 年底,中国铁路运营长度达到 15.9 万公里。高速铁路营业里程达到 4.5 万公里;西部地区铁路营业里程 6.4 万公里。

根据北京大学地理数据平台的交通数据,我国电气化铁路主要集中在可利用区、贫乏区,与电网布局相结合。对于电网薄弱地区的丰富区、较丰富区,发展电气化路的独特优势在于这两个地区的太阳能资源丰富。

对于不同太阳辐射区域电气化、非电气化铁路,电气化铁路主要集中在较丰富区、可利用区和贫乏区。单线铁路的标准宽度固定为 8.6 米,同时,铁路两侧的坡度通常为 1.0 米宽,假定在铁路沿线两侧 10 米范围内铺设光伏设备,各区域的沿线可利用面积分别为 22.15 平方千米、680.16 平方千米、1177.95 平方千米和 254.02 平方千米。丰富区单位面积资源禀赋约为 1860 千瓦时,较丰富区为 1680 千瓦时,可利用区约为 1350 千瓦时,贫乏区小于 1200 千瓦时(如表 3-3 所示)。

中国各太阳辐射区域电气化、非电气化铁路长度、沿线可利用面积　　表 3-3

太阳辐射区域	电气化铁路(千米)	非电气化铁路(千米)	沿线可利用面积(平方千米)
丰富区(Ⅰ)	1075	1894	22.15
较丰富区(Ⅱ)	31489	12814	680.16
可利用区(Ⅲ)	57182	20179	1177.95
贫乏区(Ⅳ)	12331	1860	254.02

3.2.2　铁路光伏资源可开发潜力分析

在铁路领域,可利用空间资源主要为轨道沿线、枢纽车站屋顶以及火车车顶。其中,用枢纽车站屋顶空余面积进行光伏发电在我国普及率较高,开发难度较小,在上海虹桥站、济南东站、杭州东站等站点均铺设了不同程度的光伏组件,能够为站点照明、通信设备提供电力。济青高铁开发了沿线线下的光伏发电项目,即充分利用其沿线栅栏内南侧及护坡、预留地等限制空间安装光伏发电设备,因安装面积更充足,其发电潜力较雨棚光伏更高;此外,济南在前大彦地铁站及深圳地铁 6 号线分别利用站顶及房屋铺设了光伏组件,以供给车站照明、空调、电扶梯等低压用电负荷。

目前,利用轨道沿线空地建设光伏电站在国外普及率相对较高,国内相关工程案例较少,开发难度中等。国外的主要工程案例是利用轨道沿线空地建设光伏电站,例如欧洲羿飞(Enfinity)公司在比利时一条铁路隧道上安装了长 3.6 公里的光伏发电系统,年发电量为 3.3 吉瓦时,每年可减少 2400 吨的碳排放。而车顶光伏开发难度较大,在实际工程案例中应用较少。

近年来,随着我国铁路电气化水平的提高,我国的轨道交通规模发展迅速,截至 2023 年底,全国铁路营业里程达到 15.9 万公里,其中高速铁路营业里程达到 4.5 万公里,复线率 60.3%,电化率 75.2%。全国铁路路网密度 165.2 公里/万平方公里。全国铁路机车拥有量 2.24 万台,其中内燃机车 0.78 万台,电力机车 1.46 万台。全国铁路客车拥有量为 7.8 万辆,其中动车组 4427 标准组、35416 辆。全国铁路货车拥有量为 100.7 万辆。

参考式(3-3)~式(3-5)的测算方法,我国铁路的光伏年发展总潜力约为 239.6 太瓦时,装机容量 206.01 吉瓦。由于沿线铁路覆盖地可用空间大,其年发电潜力约占发电总量的 99.5%,为 238.4 太瓦时,装机容量 204.98 吉瓦。

到 2030 年,中国铁路的发展目标是把铁路总里程增加到 20 万公里,其中高速铁路将超过 4.5 万公里。预计到 2030 年可再生电力在总量中所占的份额增加到 24%,安装在铁路运输中的光伏发电系统将产生约 12.0 太瓦时电力,约为铁路用电总消耗的 6%(如表 3-4 所示)。

第3章 分布式光伏资源开发潜力

铁路交通可开发潜力   表 3-4

交通类型	交通设施	可开发面积（万平方米）	单位面积装机（瓦/平方米）	开发规模（吉瓦）
铁路	铁路沿线	110000	150	165000
	铁路车站	3518	150	5270
	火车车顶	360	150	620
	小计	113878	150	170890

3.2.3 铁路领域光伏发电技术经济开发潜力分析

光伏发电技术用于铁路的场景主要为枢纽车站屋顶光伏、轨道沿线光伏和车顶光伏三类（如图 3-2 所示）。

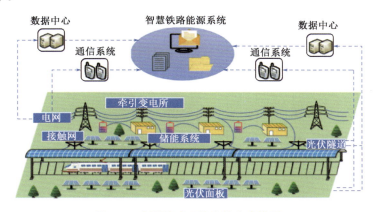

图 3-2 中国铁路系统光伏集成模型

3.2.3.1 屋顶光伏技术经济开发潜力

屋顶光伏技术主要应用于枢纽车站屋顶。对于枢纽车站，一般采用"自用发电，剩余电力接入电网"的原则，光伏方阵产生的电能通过集线汇流箱进入逆变器，变直流电为交流电，小部分电量用于光伏组件自身辅助设备以及铁路辅助设备的运行，大部分通过并网装置及变压器进入铁路电网中的牵引变电站输入铁路接入电网（如图 3-3 所示）。

目前，屋顶光伏技术已应用于多个枢纽车站屋顶。上海虹桥车站太阳能电站，装机容量 6688 千瓦，年均发电量可达 6.3 吉瓦时，可供 12000 户居民使用一年，此电站每年可以减排二氧化碳 6600 多吨，节约标准煤 2254 吨，是世界上最大的"建筑光伏一体化"项目，其经济效益和节能减排作用十分明显。此外，雄安车站安装了 4.2 万平方米的光伏板，年均发电量可达 5.8 吉瓦时。

济青高铁的"高铁+光伏"项目包括站房雨棚光伏发电和沿线线下光伏发电两大部分，其中站房雨棚光伏发电通过在济南东客站、淄博北站、潍坊北站、红岛站 4 个站房雨棚上建设光伏发电设施而进行，项目装机容量约计 10 兆瓦，铺装面积约为 12 万平方米，预计总投资 1 亿元。而线下光伏发电项目充分利用济青高铁用地界内的闲置空间安装光伏发电设备，总装机容量 34 兆瓦,总投资 3.5 亿元。该项目全面建成后,将实现 4500 万千瓦时的年均发电量,大约相当于 2.2 万户家庭或 8.8 万人的全年生活用电,与火力发电相比,预计每年可节约标准煤 1.5 万吨,减少二氧化碳排放 3.9 万吨。据测算,光伏发电使用 20 年可累计创造收益约 7.6 亿元(如图 3-4 所示)。

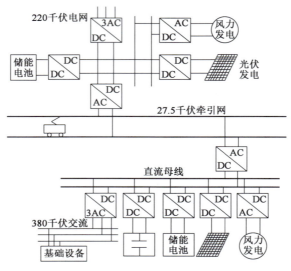

图 3-3　光伏接入牵引供电系统拓扑图

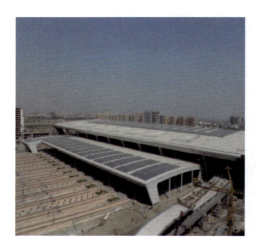

图 3-4　光伏铁路应用场景

广州南站是原铁道部和广东省合作加快铁路建设的重点工程,同时也是中国最大的铁路枢纽之一。作为国内光伏建筑一体化(BIPV)单晶硅组件应用的典型工程,广州南站光伏项目总建筑面积约 61.5 万平方米,屋顶光伏项目位于高铁站西南侧,安装容量 7 兆瓦。项目建成后年发电量约 770 万度,这相当于每年减少使用标准煤约 2525 吨,二氧化碳排放约 7676 吨,预计每年可节省电费约 62 万元。

此外，交通基础设施用电耗能十分稳定且呈现增长趋势，随着用能场景将进一步丰富，光伏发电利用比例也将会逐步提升。据估算，若充分利用铁路沿线、枢纽等土地资源开展新型光伏发电系统建设，截至 2025 年末，铁路用电自洽率约达到 19%，可再生能源渗透率约达到 29%。

3.2.3.2 光伏廊道技术经济开发潜力

光伏廊道技术主要应用于在轨道沿线，采用自发自用余电上网的并网方案。利用铁路轨道两侧的接触网支柱，架设光伏组件网架，用于放置光伏阵列，光伏组件距地面高度可设为 13~15 米，位于接触网上方，不影响列车接收电力。根据轨道方向、纬度确定光伏装置的最佳安装角度，同时考虑光伏发电依赖于天气情况，光伏发电系统与公共电网可双向搭接（如图 3-5 所示）。

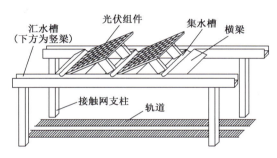

图 3-5　高铁线路光伏发电系统示意图

以 2020 年全国高速铁路里程数为例，在铁路路线上空架设光伏发电系统，每年能产生 7×10^4 吉瓦时电量，整个系统产生的电量相当于节约标准煤 2800 万吨，减少二氧化碳排放 6979 万吨，节能减排效果显著。以北京地区的气候条件为例，计算一公里高速铁路的发电效益和投资回收期，可以得出，首年投资约为 1395.65 万元/千米，每年运维投资约为 50 万元，投资回收期约为 9.1 年，具有良好的经济可行性。未来，随着光伏技术的发展、光伏组件及光伏发电系统效率的提高，投资回收期会逐渐降低。

目前，铁路边坡和沿线夹心地段已在推进光伏支架方案。2022 年 7 月，全国首个柔性支架光伏示范项目建成并网，日均可为国家铁道试验中心提供 1000 度清洁电能。与以往在铁路系统车站屋顶和闲置空地建设光伏电站不同，该项目选择铁路边坡和沿线夹心地段两种典型地块，尝试应用新材料支架部署多种光伏系统配置方案。项目年均发电量 25.11 万度，25 年总计发电量约 627.8 万度，共节约标准煤 1883.42 吨。该项目成功实施后，未来将在全国推广。

3.2.3.3 车顶光伏技术经济开发潜力

对于车顶光伏技术，非电气化机车可以在顶部重新配置光伏组件，由于机车顶部的面积有限，机载光伏电源只能提供列车的小部分能量，因此未来的研究目标是光伏电源能够满足辅助设备的能源需求。电气化机车速度快，在车身上安装光伏组件会增加运行阻力和不安全因素。在机车上方安装牵引网，并在车顶上放置光伏组件，会导致列车温度升高，加速绝缘老化，影响安全。因此，可以直接在非电气化机车机身上安装光伏组件。

目前,结合铁科院(北京)工程咨询有限公司正在开展的"国家铁道试验中心铁路沿线分布式光伏发电及能源管理试验"先行示范段项目,部署光伏-储能及能源管理平台。未来将以该项目为试点,积极响应国家及中国国家铁路集团有限公司"十四五"规划中的低碳发展目标,论证利用铁路沿线应用光伏发电的效能与安全性,为后期大规模实施提供技术支撑。

3.3 水运领域光伏开发潜力分析

3.3.1 水运领域光伏资源可开发潜力分析

在我国水运领域,分布式光伏可利用的空间资源主要为港口可开发土地、船舶可开发空间、离岸水面和航道沿线可开发土地。

我国陆地每日平均单位面积太阳能资源约 1492.6 千瓦时/平方米。结合《2021 中国统计年鉴》数据,我国交通运输用地约 9.6 万平方千米,结合香港港口用地占交通运输用地占比(6%),以及内地建设港口条件较弱,假设港口用地占用交通运输用地 0.60%,则我国港口用地约 576 平方千米。鉴于港口可用于光伏建设的区域主要为平面混凝土屋顶,假设港口可建设光伏组件为港口占地面积 30%,因此可用于光伏组件建设用地面积约 173 平方千米。根据目前光伏设备参数,在输出效率 20% 的情况下,结合全国各地光伏平均有效年发电小时约 1163 时,乐观估计,我国港口区域光伏年发电量约为 60.03 太瓦时。

船舶光伏电站方面,根据国务院统计,2020 年我国民用船舶 135679 艘可用于光伏开发,按照甲板光伏阵列光伏建设方案,每艘船每平方米可发电 126.19 千瓦时,则全国范围内船舶光伏发电潜力约为 15.72 吉瓦时。

离岸水面光伏方面,光伏资源与在屋顶及陆地上以相同角度设置的电池板相比,可以增加 5%~15%。我国目前有 8.9 万座水库,总面积约 3843 平方千米,水产养殖水面区域约 1.2 万平方千米,湖泊可以利用总面积约 9.1 万平方千米,共 10.68 万平方千米水面可用于光伏建设,假设其中可利用水面资源占总体水面资源 20%,结合有效年发电时间为 1163 时,计算得出我国水面光伏年总发电量约为 1110.33 太瓦时。

航道光伏方面,我国内河高等级航道约有 82%(约 2.2×10^4 千米)位于光资源Ⅲ类区,约有 17%(约 4547 千米)位于光资源Ⅱ类区,约有 1%(约 318 千米)位于光资源Ⅰ类区。假设每千米航道可利用边坡自有面积为 0.02 平方千米,平均太阳能转换效率为 20%,则航道可开发光伏年平均总发电量约 186.84 太瓦时。

结合现有工程单位面积装机水平测算,水运领域装机潜力可达到 1271.2 吉瓦,其中港口装机容量为 56.2 吉瓦,船舶甲板装机容量为 14.72 千瓦,离岸光伏装机容量为 1040 吉瓦,航道沿线光伏装机容量为 175 吉瓦。

3.3.2 水运领域光伏发电技术经济开发潜力分析

光伏发电技术在水运领域具有巨大的经济开发潜力。一是资源丰富,水运领域常常有大面积的水域可供安装光伏。包括航道、港口、码头等,可以最大限度地利用这些闲置资源,提高能源利用效率。二是空间利用效率高,水域通常较为平坦,相比于陆地上的光伏发电系统,水域上的光伏系统可以更好地利用太阳能资源,产生更多的电能。三是能减少传输损失,光伏发电系统可以直接在水运领域使用其所产生的电能,无须长距离输送,减少了电能传输过程中产生的能量损失和成本。这一优势使得光伏发电技术在水运领域中具备更强的经济竞争力。

水运领域的光伏发电技术具有很大潜力,但仍然需要进一步研究和实践,以解决技术上的挑战和推动经济上的可行性,通过前文对水运领域的资源和可开发潜力的评估,随着技术的进步和成本的降低,光伏发电技术在水运领域将迎来广阔的应用前景。经评估,水运领域在以下几方面具有开发潜力。

3.3.2.1 分布式屋顶光伏开发潜力

屋顶分布式光伏系统具有污染小、环保效益突出、发电用电并存、输出功率相对较小等特点,不仅能够有效提高同等规模光伏电站的发电量,同时还有效解决了电力在升压及长途运输中的损耗问题,可广泛应用于港口码头、航道周边水利设施等场景。鉴于码头可用于安装太阳能光伏板的区域有限,以厦门港口土地利用方式为例,建设用地、耕地、林草地、养殖用地、水体都是不可建设光伏土地。因此水运港口主要利用分布式屋顶光伏技术在码头办公楼顶、仓储用地屋顶建设光伏发电项目。

2018年,青岛港分布式屋顶光伏装机容量800千瓦,年发电量约0.84吉瓦时;2022年,厦门港分布式屋顶光伏装机容量为3.98兆瓦,年发电量约4.84吉瓦时。目前,两港该技术每年单位装机容量发电量约为1050千瓦时/千瓦、1216.08千瓦时/千瓦,技术提升幅度在4年间可达20%。

3.3.2.2 太阳能翼板光伏技术经济开发潜力

太阳能翼板船舶光伏电站建设方式为将太阳能翼板安装在大型远洋船舶(如散货船)的两侧,翼板上布置太阳能电池。船体与光伏平台的连接结构可以参考单臂起重船"蓝鲸"号的直升机平台的结构方案。按照设计者设想,此方案既可吸收太阳能发电,还不占用甲板面积。目前该方案并未投入建设使用,按照其理念设计一艘76000吨级散货船,可装机容量约1296千瓦。假设某航线船舶航行中每天峰值日照时数为5时,则一天总发电量为6480千瓦时,一年总发电量为2.37吉瓦时,则按照设计理论,该技术年单位装机容量发电量约1828.70千瓦时/千瓦。

3.3.2.3 甲板光伏阵列技术经济开发潜力

甲板平面建设光伏阵列的发电方式如图3-6所示,该系统典型技术特征在于采用锂离子蓄电池储能的船用型离并网一体式太阳能光伏系统,可根据航线上太阳能辐照强度、负载功率需求、经济性和安全性要求等因素,进行4种运行模式切换,即光伏离网运行模式、光伏并网运行模式、光伏出力不足条件下的船舶电网供能模式、光伏系统故障时的船舶电网功能模式。预计2025年前,该技术仍处于理论设计阶段,未投入建设使用。

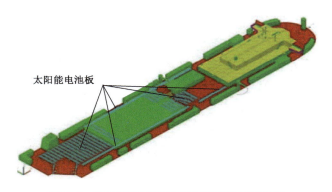

图 3-6 甲板平面建设光伏阵列整体安装示意

甲板平面建设光伏阵列的供电能力,以目前中国航运企业拥有的最先进的现代化汽车专用运输船为例,该船长 182.8 米,高 34.33 米,宽 32.2 米,该船安装了总容量为 143.1 千瓦的太阳能光伏系统,经测试年发电量约为 0.04 吉瓦时,平均年单位装机容量的单位发电量约 279.52 千瓦时/千瓦。预计 2025 年后,该技术仍存在很大的发展空间。

3.3.2.4 桩柱式水面光伏技术经济开发潜力

桩基固定式水面光伏电站常适用于水位较浅、无场地沉陷等地质灾害、水位变化较小的水面场地,如水产养殖池、盐场排淡池等。架高式水面光伏电站的光伏支架基础一般采用预应力钢筋混凝土管桩,通常建设在水深小于 5 米的水域。其基础形式采用预应力高强混凝土(PHC)管桩加热镀锌钢支架的组合,桩顶高度高于水位 0.4 米以上;为方便船只通行,光伏组件下端离最高水位 1 米以上,组件采用最佳倾角安装。此类电站多采用"渔光互补"的建设模式,即利用水产养殖集中地区的池塘海洋资源,开发建设光伏发电项目,采用海洋发电、水下养殖的模式,实现多产业的互补发展。2018 年大唐华银益阳渔光互补光伏发电项目装机容量 100 兆瓦,年发电量约 126 吉瓦时;2022 年,阳江市阳春市岗美镇 120 兆瓦"渔光互补"光伏发电项目装机容量 120 兆瓦,25 年总计发电总量约 3200 吉瓦时,计算该技术年单位装机容量发电量为 1260 千瓦时/千瓦,该技术参数变化不大,技术发展较为平稳。

3.3.2.5 漂浮式睡眠光伏技术经济开发潜力

漂浮式光伏电站是指借助浮体材料与锚固系统使光伏组件、逆变器等发电设备漂浮在海洋上进行发电,适用于水深大于 5 米、受台风影响不大的水域,主要分为浮管式(如图 3-7 所示)和浮箱式两大类。

其中,浮管式包括高密度聚乙烯(HDPE)浮管+支架、薄壁钢管+管内填充物+外防腐涂料+外防腐橡胶+支架、不锈钢+管内填充物+支架等形式。该式光伏系统广泛适用于水深较深、场地塌陷的区域,具有防渗层的水库等水域。最低枯水位时,光伏阵列下水深小于 0.5 米,不能采用此系统。该系统造价较低,浮管结构受力合理,组件可按照最佳倾角布置,但是连接节点多,施工困难,检修难度较大,结构稳定性较差。

图3-7　浮管式漂浮水面光伏电站

浮箱式光伏包括高密度聚乙烯标准浮箱、高密度聚乙烯浮箱+支架、不锈钢浮箱+支架、高强复合混凝土浮箱+支架等形式。该形式水面光伏系统模块化,轻量,无支架,连接节点少,施工方便,工期较短,采用耳环连接,能较好地适应水面波动的影响。但是它存在以下缺点:造价最高;浮箱连接耳环是其薄弱环节,须经过计算并采取加强措施;最佳倾角不能实现,高密度聚乙烯材料的耐久性需进一步提升。根据2017年浙江省建德市三都镇20兆瓦漂浮式光伏电站装机容量20兆瓦、年发电量20吉瓦时,2017年江苏省射阳县四明镇邵尖村单体20兆瓦漂浮式光伏电站装机容量20兆瓦、2600万千瓦时,2018年安徽淮南150兆瓦水面漂浮光伏项目装机容量150兆瓦、年发电量约150吉瓦时等参数计算,2017年漂浮式光伏单位装机容量年平均发电量约1000千瓦时/千瓦。

3.4　本章小结

本章旨在从不同土地资源类型及光伏应用场景出发,测算交通领域光伏资源开发潜力。我国交通领域各光伏开发场景总装机容量2590.76吉瓦。

在公路领域,可利用土地资源类型包括道路边坡、隧道出入口、服务区、停车场、互通立交匝道圈、路面;各光伏开发场景总装机容量为1132.1吉瓦,其中道路边坡总体光伏资源装机容量为502.66吉瓦,服务区装机容量为31.2吉瓦,隧道出入口装机容量力为4.23吉瓦,互通立交装机容量为223.4吉瓦,公路路面装机容量为370.6吉瓦。

参考现有工程案例和光伏技术发展情况,评估了各领域不同场景的不同技术的工程难度,在公路领域,未来技术发展分布式光伏技术主要涉及架立式光伏发电技术、路面光伏技术和光储一体化充电站技术。其中架立式光伏技术工程案例较多,可应用于边坡、服务区屋顶、隧道出入口、互通立交匝道圈,开发程度较为成熟,开发难度在三者中较小,单位面积投资成本为704元每平方米;路面光伏技术工程案例较少,可应用于行车道路路面,国内仅有一例小规模工程试点,开发程度较低,开发难度较大,单位面积投资成本较高,但随着光伏路面试验技术的不断更新迭代,未来路面光伏技术前景较为广阔;光储充一体化充电站技术可应用于电动汽车充电站,自2018年起全国各省份开展了一定的试点工程,目前开发程度较低,但开发难度适中,单位面积投资成本为1032.6元/平方米,随着光伏成本的逐步下降,未来光储充电站将具有较大的市场潜力。

在铁路领域,可利用土地(空间)资源类型包括铁路沿线土地、枢纽车站、车顶;各光伏开发场景总装机容量为375.89吉瓦,其中铁路沿线装机容量潜力为205吉瓦,其中铁路沿线装机容量潜力为165吉瓦,铁路枢纽装机容量潜力为5.27吉瓦,火车车顶装机容量潜力为0.62吉瓦。

分布式光伏技术主要涉及屋顶光伏技术、光伏廊道技术和车顶光伏技术。屋顶光伏技术利用铁路车站、物流仓库等建筑的屋顶作为安装光伏板的场所,具有建筑利用率高、不占用土地、技术成熟等优点;光伏廊道技术则是在铁路隧道的顶部或侧壁安装光伏板,具有有效利用铁路隧道空间、提高铁路建设效益等优点,但也存在工程难度大、维护困难等缺点;车顶光伏技术则是在铁路列车的车顶安装光伏板,可以为列车提供部分电力支持,同时也具有提高铁路能源利用效率等优点。虽然这些技术均已在一定程度上得到应用,但在实际实践中,还需进一步加强技术研发和工程应用推广,以实现光伏技术在铁路领域的全面应用和可持续发展。

在水运领域,可利用土地(空间)资源类型包括港口、船舶甲板、离岸土地、航道沿线;各光伏开发场景总装机容量为1271.2吉瓦,结合现有工程单位面积装机水平测算,其中港口装机容量为56.2吉瓦;船舶甲板装机容量为14.72千瓦。离岸光伏装机容量为1040吉瓦;航道沿线光伏装机容量为175吉瓦。

目前针对水运领域的光伏技术发展差异性较大,适用于港口码头、航道周边水利设施的屋顶式光伏系统发展比较成熟,单位装机容量年发电量约1216.08千瓦时/千瓦,技术提升幅度在4年间可达20%。船舶光伏建设技术理论设计上单位装机容量年发电量可达1828.70千瓦时/千瓦。水面光伏系统中,桩柱式水面光伏系统单位装机容量年发电量约1260千瓦时/千瓦,漂浮式水面光伏系统单位装机容量年发电量约1000千瓦时/千瓦。根据相关技术参数,结合水运领域各场景可开发资源量,港口、离岸水面光伏开发难度比船舶、航道周边(坡道)低。

第4章

发展展望

4.1 交通电力需求展望

4.1.1 交通运输需求仍将保持增长

随着经济社会的快速发展和居民生活水平的不断提高,我国交通运输需求不断增加,交通领域能源需求仍将保持增长态势。《国家综合立体交通网规划纲要》指出,未来旅客出行需求将稳步增长,高品质、多样化、个性化的需求不断增强,预计2021—2035年旅客出行量(含小汽车出行量)年均增速约为3.2%,2020—2025年一次能源需求总量的年均增长速度为2.1%~2.3%。

4.1.2 交通运输各领域能源结构分析

此外,不同运输领域的能源需求发展具有差异性。中国工程院院刊发布的《交通运输领域碳达峰、碳中和路径研究》报告指出,交通运输领域不同运输方式的碳排放总量差异明显,如图4-1所示。

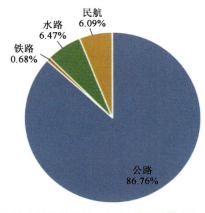

图4-1 我国交通运输领域二氧化碳排放量占比(2019年)

其中,公路运输(含社会车辆、营运车辆)是交通领域碳排放的重点方面,排放量占交通领域碳排放总量的86.76%。水路运输排放占比为6.47%,民航运输排放占比为6.09%,铁路运输碳排放占比为0.68%。我国铁路、水运和公路运输单位周转量能耗比约为1∶0.7∶5.2,碳排放比约为1∶1.3∶10.9。各领域碳排放结构在一定程度上反映了能耗需求的差异性特征,是未来交通运输各领域光伏需求测算的重要数据支撑。

相关国际报告预测数据显示,全球道路运输领域能源需求占比最高,在2025年占比约为71.4%,能源总需求约为22500太瓦时/年;2030年占比约为67.7%,总需求约为24000太瓦时/年。其次为水运领域,在2025年占比为25.0%,总需求为8276太瓦时/年;2030年占比约为29.1%,总需求为9483太瓦时/年。铁路领域2025占比约为3.6%,总需求为1206太瓦时/年;2030年占比为3.17%,总需求为1034太瓦时/年。详细测算数据如图4-2所示。

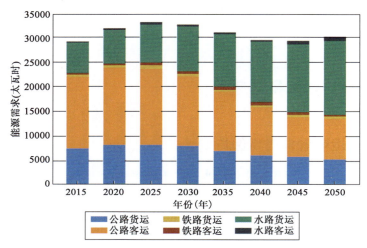

图4-2 交通运输行业各领域能源需求发展趋势预测

4.1.3 未来交通运输各领域电气化率分析

中国工程院院刊发布的《"双碳"背景下我国中长期能源需求预测与转型路径研究》指出,我国终端用能结构将发生显著变化,交通运输的电气化比例至少可增加到22%。根据国家电网"2050两个'50%'"的电能发展趋势预测,公路领域2050年电能占比可达41%。其中,公路客运电气化潜力最大,除少量长途客运场景外,电动汽车基本可满足公路客运用能需求;铁路领域由于高铁的大力推行,已实现较高水平的电气化,2050年电能占比约为87%;水运领域电能占比约为9%,如图4-3所示。

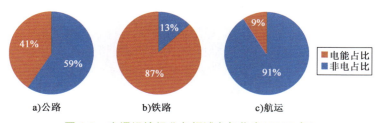

图4-3 交通运输行业各领域电气化率(2050年)

4.1.4 未来交通运输领域光伏需求预测

在全球各国低碳发展要求、清洁能源转型目标和国内政策引导与市场需求驱动下,国内光伏装机量呈现高速增长态势。随着交通领域可再生能源渗透率持续增高,据相关文献测算,2025年全球交通运输行业光伏需求将达到2500太瓦时/年,在2030年将超过5000太瓦时,若2050年实现交通领域完全可再生能源供应则光伏总容量需求约为32500太瓦时/年,发展趋势预测结果如图4-4所示。其中包括中国在内的亚洲东北部区域总需求占比为24.1%,交通领域的光伏份额约为79.8%。

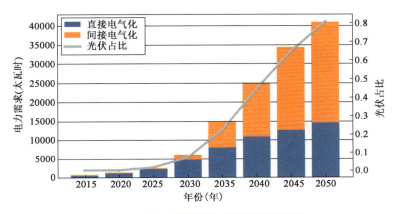

图4-4 全球交通领域光伏需求发展趋势

参考上述数据,可以相应估算我国交通运输行业公路、铁路、水运领域在2025年和2030年的光伏发电需求。

首先可以计算2025年和2030年中国交通运输行业光伏总需求,如式(4-1)所示,其中 $D_{2025}^{china,pv}$ 和 $D_{2030}^{china,pv}$ 分别代表2025年和2030年中国的交通运输行业光伏总需求,D_{2025}^{global} 和 D_{2030}^{global} 分别为2025年和2030年全球运输行业光伏总需求,s^{china} 为中国总需求在全球光伏需求占比(约为20%)。

$$D_{2025}^{china,pv} = D_{2025}^{global} \cdot s^{china}$$
$$D_{2030}^{china,pv} = D_{2030}^{global} \cdot s^{china} \quad (4-1)$$

参考图4-1至图4-3所示的交通各领域能源需求总量及其占比,可估算中国交通行业各领域在2025年和2030年的光伏需求量,如式(4-2)所示。其中 x_{2025}^{road} 和 x_{2030}^{road} 分别代表2025年和2030年全球能源需求中道路运输领域占比,铁路与水运领域同理。通过此参数可在一定程度上反映中国交通领域光伏能源需求在各领域的分布情况,从而对应各领域的光伏需求。

$$D_{2025}^{road} = D_{2025}^{china,pv} \cdot x_{2025}^{road}$$
$$D_{2030}^{road} = D_{2030}^{china,pv} \cdot x_{2030}^{road} \quad (4-2)$$

上述研究主要是基于交通领域完全可再生能源化的数据测算,若考虑可再生能源渗透率 r,则各领域2025年和2030年的光伏发电需求可更新为式(4-3)的形式。

$$D_{2025}^{road} = D_{2025}^{china,pv} \cdot x_{2025}^{road} \cdot r_{2025}^{road}$$
$$D_{2030}^{road} = D_{2030}^{china,pv} \cdot x_{2030}^{road} \cdot r_{2030}^{road} \quad (4-3)$$

光伏需求测算主要所需数据如表4-1所示。

交通各领域光伏需求估算所需数据　　　　表4-1

符号	含义	数值
D_{2025}^{global}	2025年全球交通领域光伏需求（太瓦时）	2500
D_{2030}^{global}	2030年全球交通领域光伏需求（太瓦时）	6153
s^{china}	2025—2030年中国光伏需求份额（%）	20
x_{2025}^{road}	2025年公路运输领域能源需求占比（%）	71.4
x_{2030}^{road}	2030年公路运输领域能源需求占比（%）	67.7
x_{2025}^{rail}	2025年铁路运输领域能源需求占比（%）	3.6
x_{2030}^{rail}	2030年铁路运输领域能源需求占比（%）	3.17
x_{2025}^{water}	2025年水运领域能源需求占比（%）	25.0
x_{2030}^{water}	2030年水运领域能源需求占比（%）	29.1
r_{2025}^{road}	2025年公路领域可再生能源渗透率（%）	75.2
r_{2030}^{road}	2030年公路领域可再生能源渗透率（%）	75.2
r_{2025}^{rail}	2025年铁路领域可再生能源渗透率（%）	20
r_{2030}^{rail}	2030年铁路领域可再生能源渗透率（%）	24
r_{2025}^{water}	2025年水运领域可再生能源渗透率（%）	15
r_{2030}^{water}	2030年水运领域可再生能源渗透率（%）	35

据估算，到2025年和2030年，中国公路领域的光伏发电需求将分别达到230.8吉瓦和437.8吉瓦，铁路领域的光伏发电需求将分别达到3.1吉瓦和8.05吉瓦，水运领域的光伏发电需求将分别达到16.12吉瓦和107.8吉瓦。

4.2 发展趋势

随着我国终端用能结构的显著变化，交通运输的电气化比例逐渐增加，电力需求也不断增加。在全球各国"碳中和"目标、清洁能源转型目标以及国内政策引导与市场需求驱动下，光伏发电技术水平也不断提高。

4.3 测算方法

交通领域光伏阶段性发展目标是指2025年和2030年我国公路、铁路、水运领域光伏总装机容量和年发电量目标。本节将结合前文提到的公路、铁路、水运领域各应用场景的开发潜力和光伏技术及其应用场景对应的开发难度特征，提出未来光伏应用潜力的测算方法，并对2025年和2030年交通领域光伏阶段性发展目标做出评估与参考。

4.3.1 确定各领域光伏需求

随着全球交通运输行业不断推进电气化进程，光伏发电在未来的需求将不断增长。因此，本节在考虑交通领域未来的光伏需求时,基于全球交通运输行业光伏需求的未来预测数据和交通运输各领域能源结构数据,对公路、铁路、水运领域在 2025 年和 2030 年的光伏发电量需求进行估算,并将基于该需求预测提出公路、铁路、水运领域的光伏发展目标。

4.3.2 确定各领域光伏总体资源潜力

通过对公路、铁路和水运等领域的光伏各应用场景的可利用面积、年发电量、太阳能资源禀赋数据分析,得到各领域的光伏总体资源开发潜力。

4.3.3 评估各种光伏技术的工程应用难度

基于公路、铁路和水运等领域不同场景的光伏技术开发潜力分析结果(参考第 1 章数据与结论),本节将对技术成熟度、技术适用性、技术成本、技术复杂度和技术安全性五个因素进行测算,得到光伏各应用场景下的工程应用难度系数 γ_s^{2025} 和 γ_s^{2030}。

交通各领域光伏总体资源潜力巨大,但需要结合现有工程的开发难度和发展趋势,估算未来交通领域光伏应用场景下的装机容量和年发电量。

层次分析法(AHP)是一种常用的评价分析方法,可以用于对多个因素进行综合评估。根据光伏技术在交通领域的发展目标,本节将光伏技术在交通领域中的应用难度分为技术成熟度、技术适用性、技术成本、技术复杂度和技术安全性五个因素。其中技术成熟度指该光伏技术在交通领域中是否已经得到充分验证和应用;成熟度越高,应用难度越低。技术适用性指该光伏技术在交通领域中是否有广泛的适用场景;适用性越高,应用难度越低。技术成本指该光伏技术在交通领域中的投资成本和运营成本;成本越低,应用难度越低。技术复杂度指该光伏技术在交通领域中的技术难度和操作复杂度;复杂度越低,应用难度越低。技术安全性指该光伏技术在交通领域中的安全性和稳定性;安全性越高,应用难度越低。

在考虑以上五个因素的条件下,由层次分析法评估得到的交通领域各光伏技术应用难度判断矩阵如图 4-5 ~ 图 4-7 所示。

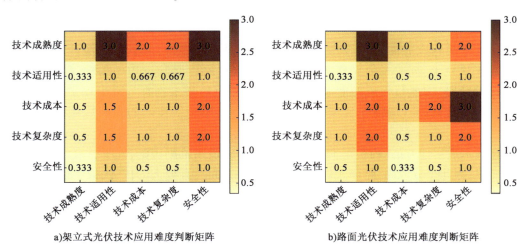

图 4-5 架立式和路面光伏技术应用难度判断矩阵

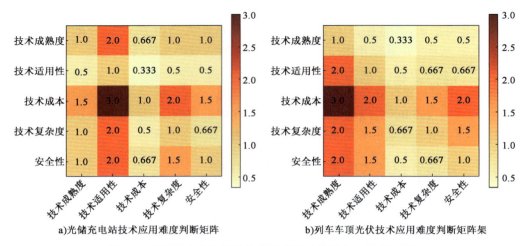

图 4-6　光储充电站和列车车顶光伏技术应用难度判断矩阵架

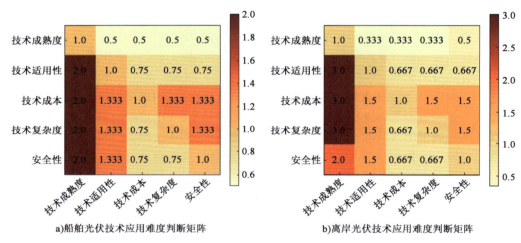

图 4-7　船舶和离岸光伏技术应用难度判断矩阵

①在技术成熟度方面:架立式光伏技术已经得到了广泛应用和认可,因此得分较高;离岸漂浮式光伏技术、列车车顶光伏和路面光伏技术已经在实际应用中得到了验证,但仍处于工程试验阶段,因此技术成熟度得分较低;光储充电站技术已有一定工程实践案例,光储充电站其技术成熟度在屋顶光伏和路面光伏之间;船舶光伏技术的实际应用较为有限,得分较低。

②在技术适用性方面:列车车顶、屋顶光伏技术的适用范围广泛,几乎所有建筑都可以安装屋顶光伏,因此得分较高;路面光伏技术在适用性方面具有很大的优势,但不能完全适用于所有道路类型,因此得分较高;船舶光伏技术的适用范围较广,但需要考虑船舶的形状和尺寸等因素,因此得分较高;离岸漂浮式光伏技术在适用性方面具有很大的优势,但仍需要考虑海洋环境和气象条件等因素,因此得分适中。

③在技术成本方面:屋顶光伏技术投资回报率较高,得分较高;离岸光伏、列车车顶光伏、路面光伏、船舶光伏技术的成本较高,需要大量的资金投入,因此得分较低。

④在技术复杂度方面：屋顶光伏技术相对于传统建筑而言，需要考虑更多的因素，如倾角、朝向等，因此得分适中；船舶光伏、列车车顶光伏、路面光伏技术在设计、施工和维护等方面都比较复杂，需要考虑多方面的因素和问题，因此得分较低。

⑤在技术安全性方面：屋顶光伏技术在施工和使用过程中需要注意安全问题，但是通过合理的安装和维护，可以保证安全性，因此得分较高；船舶、列车车顶、路面光伏技术在施工和使用过程中需要注意安全问题，但是由于其特殊性，仍存在一定的风险，因此得分较低。离岸光伏需要考虑气象因素、海洋环境等，存在一定的风险，因此得分适中。

基于上述判断矩阵以及各因素权重向量的计算方法，计算得到的各场景开发难度系数如表 4-2 所示。系数越小表示开发难度越大。

未来交通领域光伏各应用场景开发难度系数　　　　表 4-2

	应用场景	2025 年	2030 年
公路	道路边坡	0.200	0.147
	隧道	0.200	0.147
	服务区	0.200	0.147
	停车场	0.190	0.140
	立交桥	0.200	0.147
	路面	0.166	0.122
铁路	轨道沿线	0.200	0.147
	枢纽车站	0.200	0.147
	火车车顶	0.212	0.156
水运	港口	0.200	0.147
	船舶	0.208	0.153
	离岸	0.216	0.159

4.3.4　计算未来交通各领域发展目标范围

首先计算未来光伏在交通各领域的应用潜力和发展趋势，即结合光伏技术各场景的应用难度估计各领域应用场景下光伏的装机容量，并根据光伏建设的装机容量、光伏技术的发电效率和日照等因素预测光伏建设的年发电量。然后，根据交通领域的光伏用电需求、光伏总体资源潜力、工程应用难度，计算各领域光伏建设的总装机容量目标，最终得到 2025 年和 2030 年我国交通各领域光伏年发电量的阶段性发展目标。

4.4　阶段性发展目标

4.4.1　公路领域

在公路交通基础设施、载运装备的总能耗需求情景下，综合利用风能、太阳能两类自然资源禀赋时,我国高速公路系统一般场景下的清洁能源供给的总自洽率可达72.8%,新能源渗透率可达75.2%。由此可对应估算2025年和2030年我国公路领域光伏装机需求,即2025年公路领域光伏年发电量需求约为268.46太瓦时,2030年公路领域光伏年发电量需求约为509.1太瓦时。同时,参考应用潜力测算结果,2025年和2030年公路领域光伏总应用潜力分别为491.09太瓦时和659.99太瓦时。

为满足公路领域可再生能源渗透(指可再生能源替代量或节约量在总能源消费中所占的比例)与电气化的光伏需求,同时最大化挖掘公路领域光伏应用潜力,提出公路领域的阶段性发展目标:2025年公路领域光伏总装机容量为150~422.27吉瓦,预计实现年发电量为268.46~491.09太瓦时;其中边坡光伏装机容量为36.6~103.03吉瓦,服务区、停车场装机容量约为6.9~19.42吉瓦,光伏充电站建设容量约为15吉瓦左右。2030年公路领域光伏总装机容量为180~567.49吉瓦,预计实现年发电量为509.1~659.99太瓦时;其中边坡光伏预计装机容量为43.92~123.63吉瓦,服务区、停车场装机容量为8.56~24.1吉瓦,光伏充电站建设容量约为20吉瓦左右。

发展目标主要包括:推动公路光伏发电项目技术改进,针对架立式光伏、路面承载光伏、光储充电站等应用场景,不断改进其发电效率,降低投资成本,提升光伏发电在公路上的可行性和可持续性,以减少公路各方面系统的能耗;同时完善公路光伏发电项目投资政策,推出多项政策措施,鼓励投资者对公路上的光伏发电项目进行投资,以更好地促进公路光伏发电项目的发展。

4.4.2 铁路领域

预计到2030年,当年新增新能源、清洁能源动力的交通工具比例将达到40%左右,营运交通工具单位换算周转量碳排放强度比2020年下降9.5%左右。铁路电力总需求将达到191.9太瓦时,通过安装光伏装置,可以产生12太瓦时左右的电能,至少占铁路电力总需求的6%。在铁路交通光伏分别为5%、10%、15%的条件下,铁路交通系统年用电自洽率将达到6.2%、12.5%、18.7%,年二氧化碳减排量将超过1.2万吨。目前全国电气化铁路牵引站数量超2000个,估算年用电量超过30太瓦时。光伏发电可实现绿电替代,应用前景十分广阔。

随着可再生能源发电数量的增加,2030年可再生能源电力在总量中所占的份额将增加到24%。对于2030年光伏铁路运输的展望如表4-3所示,其中太阳能潜力利用(SPU)是描述所产生的太阳能在总潜力中的份额,而自给能源供应(SES)是指光伏发电在运输中产生的可再生能源为满足其总需求所占的份额。此外,可再生能源普及率(REP)代表了可再生能源在总能源消耗中所占的份额。

光伏铁路运输未来发展　　　　　表4-3

类型	需求(太瓦时)	SPU(%)	发电量(吉瓦时)	SES(%)	REP(%)
铁路	191.9	5%	12.0	6.2%	28.7%
		10%	24.0	12.5%	33.5%
		15%	35.9	18.7%	38.2%

铁路运输领域 SES 和 REP 预测分别为 6.2% 和 28.7%。如果 SPU 增加到 10%，则超过 24.0 太瓦时的电力将提供 12.5% 的 SER 和 33.5% 的 REP。如果 SPU 增加到 15%，铁路产生的电力将达到 35.9 太瓦时。在这种情况下，SES 和 REP 分别上升到 18.7% 和 38.2%。

参考上述数据测算，提出主要发展目标：即 2025 年铁路领域光伏总装机容量为 3.1 吉瓦到 136.64 吉瓦之间，预计实现年发电量在 3.6 太瓦时到 158.91 太瓦时之间，其中铁路沿线装机容量 2.99~132 吉瓦，枢纽车站预计装机 0.093~4.1 吉瓦；2030 年铁路领域光伏总装机容量为 8.05 吉瓦到 183.63 吉瓦之间，预计实现年发电量在 9.36 太瓦时到 213.56 太瓦时之间，其中铁路沿线装机容量 7.78~177.39 吉瓦，枢纽车站预计装机 0.24~5.51 吉瓦。

同时，以铁路沿线风光等自然禀赋与牵引、非牵引供电系统友好协同融合技术为基础，加快满足铁路多源功能系统架构的需求，实现铁路能量低碳自洽高效弹性供给，降低现有存量供电系统用电成本和未来增量系统的建设成本，推进光伏发电多元布局。通过光伏发电与铁路交通系统的集成，不仅可以充分利用交通系统自有空间为交通系统提供清洁电力、降低交通系统外购电量，同时也可以降低交通系统的碳排放量，促进交通系统的可持续化、绿色化发展。

4.4.3 水运领域

根据表 4-1、图 4-4 数据，2025 年全球交通领域光伏需求约 2500 太瓦时，中国占比需求占比为 20%，中国水运领域占比 25%；2030 年全球交通领域光伏需求约 6153 太瓦时，中国占比需求占比为 20%，中国水运领域占比 29.1%。根据我国水路交通资产能源化潜力测算，若综合考虑风、光自然资源禀赋，对 2021~2025 年、2026~2030 年 2 个阶段的清洁能源利用率分别按 20%、40% 计算，则 2021~2025 年：我国水运新能源渗透率不低于 15%，2026~2030 年：我国水运新能源渗透率不低于 35%。将以上数据结合公式计算，2025 年我国水运领域光伏需求约 18.75 太瓦时/年，2030 年我国水运领域光伏建设需求约 125.34 太瓦时/年。

根据以上计算需求，同时依据《2030 年前碳达峰行动方案的通知》中的发展目标要求，需要在各沿海港口布局千万千瓦级大型海上光伏基地。根据目前适用于港口及离岸水面光伏技术单位装机容量年发电量约 1000 千瓦时/千瓦，港口单位面积可建设光伏装机容量约 100 瓦/平方米，离岸水面单位面积装机容量约 485 瓦/平方米。到 2025 年，各港口及可开发水面建设光伏发电装机容量达 18~845.6 吉瓦；到 2030 年，总建设光伏发电装机容量达 125.34~1420.5 吉瓦。同时大力推动水运船舶更新改造，发展电动、液化天然气动力船舶，大力推进船舶靠港使用岸电，发展沿河、内河绿色智能船舶。到 2030 年，新增新能源、清洁能源动力的交通工具比例要达到 40% 左右。

加强港口污染防治与节能减排，打造绿色港口成为我国港口航运业重要发展目标。2022 年 3 月，为落实绿色港口建设，交通运输部印发《关于扎实推动"十四五"规划交通运输重大工程项目实施工作方案》，该方案提出"十四五"时期，以营运交通工具动力革命和低碳基础设施建设运营为重点，强化交通基础设施对低碳发展有效支撑，在高速公路和水上服务区、港口码头、枢纽场站等场景建成一批"分布式新能源+储能+微电网"智慧能源系统工程项目；支持新能源清洁能源营运车船规模应用；加快船舶受电设施改造、协同推进码头岸电设施改造；鼓励高耗能船舶进行节能技术改造，提高营运车船能效水平。

4.5 发展障碍

对于高速服务区、收费站、港口仓储屋顶、火车站棚、机场等交通基础设施分布式光伏项目，开发模式与工商业分布式光伏项目相同，具备完善的建设标准和成熟案例，基本不存在开发障碍。对于公路边坡、公路隧道、铁路沿线等交通分布式光伏项目，目前尚处于开发探索初期，在有关标准规范、经济性、备案程序、并网接入等方面仍存在一定障碍，制约交通分布式光伏项目的规模化开发。

4.5.1 安全风险是制约项目开发的重要因素

安全是交通领域的核心和头等大事。在高速公路边坡、铁路沿线进行分布式光伏开发，涉及工程施工、线路布局、新增构筑物、带电运行等作业，不可避免会对交通运输安全造成一定风险，主要包括：

一是公路车辆行驶带来的震动和野外风大无阻挡对沿线分布式光伏支架的稳定性提出了更高的要求，考虑公路沿线项目运行维护困难，一旦光伏电站被风吹至路面，则会造成严重的交通事故。

二是当公路车辆发生交通事故侧翻时，公路边坡分布式光伏支架的尖角锐边、面板棱角、玻璃组件会对司乘人员造成二次伤害，同时存在车辆撞击导致光伏组件"封装材料破损、电极外露、引燃汽油"的可能性。

三是弯道区域光伏组件安装布局不合理，会使光伏面板产生的反光、眩光干扰驾驶人员视线，进而导致交通事故的发生。

四是高速公路沿线地段狭长且一般远离市区。一旦光伏设备产生电弧导致周围杂草燃烧，容易引发火灾，并且救火行动难以及时展开。

五是光伏项目运维工作涉及带电作业，存在一定的电力安全风险。作业人员一般须具有专业的电力知识和电工进网作业许可证，而高速公路养护工作和人员由交通运输部门统一管理，现有公路养护人员的专业素质无法胜任光伏运维工作，保障运维安全成为沿线光伏项目开发的一大挑战。

4.5.2 技术标准规范亟须建立和完善

公路边坡、铁路沿线土地使用权归公路和铁路交通部门所有，《公路养护技术规范》（JTG H10—2009）、《铁路线路设计规范》（GB 50090—2006）、《铁路路基设计规范》（TB 10001—2016）等现行交通相关标准和规范，均未明确是否可以利用公路边坡、铁路沿线开发分布式光伏。特别是《公路养护技术规范》（JTG H10—2009）明确"任何单位和个人不得擅自砍伐、破坏公路绿化""交通工程及沿线设施包括：交通安全设施、公路机电系统（监控系统、收费系统、供配电系统）、服务设施及养护房屋等"，而公路边坡分布式光伏项目开发会新增沿线设施，且如不能统筹、科学合理开发，会对边坡植被造成一定影响，亟待在相关标准规范中进一步明确此类分布式光伏开发准入标准和要求。

此外，针对高速公路边坡光伏项目开发方面的标准规范，目前只有山东省发布了《高速公路边坡光伏发电工程建设技术规范》（DB37/T 4516—2022），国家和交通行业还未建立统一的工程建设技术标准规范。

4.5.3 项目备案程序和机制有待优化

公路沿线分布式光伏项目呈带状分布，单个项目往往跨多个行政区域。目前此类项目的备案方式包括省里统一备案和各县（市）分别备案两种。其中，第一种备案方式简洁高效，但后期项目调整变更较为复杂；第二种备案方式对于项目后期调整变更较为灵活，但前期需在各县（市）分别备案，一定程度上影响项目开发进度。

此外，虽然公路沿线分布式光伏项目开发用地使用权归当地交通运输部门，但大部分地区交通运输部门并没有及时办理土地使用权证，导致项目无法正常备案，直接影响公路沿线分布式光伏项目的正常开发。

4.5.4 经济性和并网接入难影响项目规模化开发

高速公路沿线用能设备主要包括监控、通信系统等，用能单一，负荷极其有限，目前每千米平均用电负荷 1 千瓦，考虑将来发展无人驾驶、建设 5G 基站，平均用电负荷约为 8 千瓦，其电力消纳能力与项目可开发规模严重不匹配。若采用"自发自用、余电上网"模式，由于公路沿线地段狭长且一般远离市区，项目开发面临并网接入点少、上网难的障碍，如果通过自建升压站并网又会大大提高项目投资成本、降低项目经济性，即使靠近乡村的分布式光伏项目利用乡村变压器并网，往往也面临乡村变压器容量有限无法接入的问题。

对于隧道分布式光伏项目，其电力自我消纳条件较好，但存在可开发利用面积有限的问题，目前主要考虑采用在隧道出入口进行延长铺设龙骨光伏项目，既可缓解开发利用面积不足的问题，又可解决进出隧道光线突变导致驾驶员出现驾驶盲区的问题。但这种方式又会大幅增加光伏项目投资建设成本，导致隧道分布式光伏项目有悖经济性。

结合交通分布式光伏开发不同场景和存在的突出问题，需要从顶层设计、科技研发、标准规范、试点示范和体制机制等领域协同发力，因地制宜推动可再生能源与交通领域的融合发展，推进可再生能源在交通领域的应用。

4.6 保障措施

4.6.1 加强顶层设计

加强对交通基础设施规划、能源规划、新能源汽车和电力市场等相关工作的统筹协调，面向未来交通行业能源供给需求和新业态发展趋势，协同提出融合发展的顶层设计和技术路线。同时，加强对交通与分布式可再生能源的发展强化指导，建议交通、能源行业主管部门联合研究制定交通与新能源融合发展的指导意见。一是明确和规范交通分布式可再生能源的定义、种类和范围,加大对交通分布式可再生能源项目的支持力度;二是将服务区、公路隧道、车站屋顶等交通分布式光伏项目与交通基础设施一并纳入计划规模内固定资产投资项目清单;三是加强农村电网规划衔接。综合考虑公路边坡分布式光伏开发、乡村振兴经济发展用电需求以及乡村分布式开发规划,加强农村电网改造升级,统筹布局并网接入点和配置变压器容量;四是对于利用高速公路服务区、站房等建设分布式光伏的,鼓励对同一区域内的项目进行统一规划、统一实施、统一备案,对于公路沿线跨区域分布式光伏项目实行省里备案、县(市)调整。

4.6.2 健全标准规范

建立健全交通分布式光伏标准规范体系,逐步形成适应不同区域条件,适合各类交通方式,满足不同安全标准要求,涵盖勘察设计、装备制造、建设施工、智慧运维等全产业链的标准规范体系。对于高速边坡分布式光伏项目,建议修订完善现有《公路养护技术规范》,明确在保障边坡植被的基础上,允许利用高速边坡开发分布式光伏项目,同时研究制定国家和行业高速公路边坡光伏项目技术标准规范,对边坡分布式光伏项目的建设施工、技术标准、设备选型、安装布局等进行明确和规范,以满足交通公路安全和环境保护的要求。对于公路隧道分布式光伏项目,建议修订现行《公路隧道交通工程设计规范》,在供配电系统中明确"在电网接入条件难度大、投资成本高的隧道,负荷用电可采用可再生能源微网模式供电,亦可采用光伏+储能代替应急发电机组作为备用电源"。

4.6.3 加大科技创新

加强适用于交通运输行业的光伏基础材料、柔性支架等关键部件的研发与制造,进一步提高光伏材料和部件的安全性、耐久性、稳定性和易维护性,使交通分布式光伏实现在恶劣环境、无人维护区域的顺利应用与推广。针对光伏产业成熟技术产品,联合出台适用于交通的光伏应用指导性技术和产品名录,开展适用于交通光伏产业的智能化装备研发,结合自动驾驶、车路协同、基础设施健康监测等智慧交通用电需求,运用5G通信、人工智能、先进计算、大数据等技术,开发智能化交通光伏产品。

4.6.4 打造试点示范

研究制定光伏廊道示范建设方案,尽快启动光伏廊道示范申报评选,通过光伏廊道项目试点示范,探索成熟的商业模式,完善相关产业体系。在铁路沿线、高速边坡、公路隧道开展以光伏发电为主要内容的智能光伏应用试点,打造基于大数据的"源网荷储"集成智能控制体系及无人化智能运维系统,实现交通能源系统的智慧化运行。在高速服务区、高铁站、机场等开展光储充应用试点,探索光伏与新能源汽车的跨界融合,加强充电桩、储能、光伏电站的系统集成与相互融合,推动光储充一体化应用示范,提高可再生能源用电比例,打造零碳服务区、零碳高铁站、零碳机场示范项目。

第5章 光伏廊道示范建设

光伏廊道的建设考虑了交通基础设施的特定形态和空间布局，实现了在不占用额外土地资源的同时，增加了可再生能源的生产能力，展现了一种高效利用现有交通基础设施进行能源生产的模式。光伏廊道示范建设是将交通基础设施与分布式可再生能源技术相结合的创新模式，标志着交通和可再生能源领域的一个重要发展方向。

5.1 基本原则

光伏廊道示范主要是指重点利用公路、铁路边坡、主干渠道、园区道路和农村道路两侧用地范围外的空闲土地资源，推进分布式光伏或小型集中式光伏开发建设，拓展光伏应用场景，探索与交通建设发展相结合的多元开发、就近利用、绿电替代、一体化运维的新型光伏开发利用模式。本章从实施范围、技术路径层面，提出了光伏廊道示范方案选择基本原则，包括优先发展区域、主要应用场景及保障措施。

（1）光伏廊道示范方案优先发展区域，属于实施范围层面，基本原则需综合两个指标，太阳能资源禀赋和公路分布密度。同时满足太阳能资源禀赋丰富、公路面积较大的省份地区，即公路光伏资源潜力较大的地区。

（2）光伏廊道示范方案主要应用场景，属于技术路径层面，基本原则需综合三个指标，因地制宜、因需发展和近负荷侧。需同时满足容易开发、交通安全无影响、光伏设备安装条件好、消纳负荷容量大、消纳负荷接近。

（3）光伏廊道示范方案保障措施，属于技术路径层面，基本原则需综合三个指标，土地利用、电网接入、交通安全。同时满足在土地利用、电网接入、交通安全方面采取保障措施，保障光伏廊道示范方案的可靠性和安全性，提高能源利用效率，降低能源消耗和缓解环境污染。

5.2 光伏廊道示范的优先发展区域

我国总面积 2/3 以上地区年辐射量在 5000 兆焦耳/平方米以上，年平均辐射量为 1492.6

千瓦时,总日照时数大于 2000 小时,但由于我国国土纬度跨度较大,不同地区日照资源具有一定差异性。我国公路网络分布同样呈现区域性差异,基于 SOLARGIS 提供的中国地区年均水平面总辐射量数据和开放街道地图(Open Street Map)提供的 2022 年 5 月中国地区路网数据,通过合成全国公路网与太阳能资源分布特征叠加图,可以直观呈现我国公路领域分布式光伏的开发潜力分布特征。

从全国公路网与太阳能资源分布来看,路网主要集中分布在作为电力负荷中心与太阳能资源相对丰富的中东部地区,平均公路密度在 7 千米/平方千米以上,而太阳能资源最为丰富的 I 类地区的公路密度偏低,在 3~5 千米/平方千米。

例如青藏高原、甘肃省、宁夏回族自治区北部、新疆维吾尔自治区南部等地区,其年平均太阳能辐射量超过 1750 千瓦时/平方米,但总公路里程不到一万公里,光伏开发资源潜力有限。而河北省东南部、山西省南部、江苏省中部、广东省南部等我国第 III 类太阳能资源地区,其年平均辐射量虽然在 1400 千瓦时/平方米到 1750 千瓦时/平方米之间,但平均高速公路通车里程在 5000 千米以上;例如江苏省高速公路、山西省高速公路、其通车里程分别为 5023 千米、5763 千米,广东省高速公路通车里程达 1 万千米以上。基于第一节所描述的我国太阳能资源区域分布特征和交通路网密度分布特征,需要选定适合规模化建设、光伏发电潜力最大的地区。

为了定量描述该光伏廊道优先发展地区的筛选标准,选取光伏资源潜力指数用于描述该地区光伏资源开发潜力式(5-1)。

$$\delta_i = E_i \cdot L_i \tag{5-1}$$

其中,地区 i 的太阳能资源禀赋 E_i 和公路里程比 L_i 是两个关键的指标,分别反映了光伏发电的资源条件和公路分布情况。光伏资源潜力指数则是综合考虑了这两个指标。我国太阳能资源四类地区的光伏开发潜力指数计算如表 5-1 所示。

全国太阳能资源四类地区光伏开发潜力指数　　表 5-1

区域类型	高速公路总里程(千米)	太阳能资源禀赋(千瓦时/平方米)	公路里程比(%)	光伏开发潜力指数
I 类	9248	2094	0.065	135.81
II 类	44376	1740	0.311	541.50
III 类	72289	1506.5	0.507	1224.06
IV 类	16680	1161	0.117	217.67

因此,优先将 III 类地区纳入光伏廊道示范工程优先发展地区,其准入标准可设置为:光伏资源潜力指数 $\delta_i \geq 600$。结合我国未来公路发展目标及其各省市地区规划目标,该光伏廊道示范工程将以山东省、河南省、河北省东南部、山西省南部、新疆维吾尔自治区北部、吉林省、辽宁省、云南省、陕西省北部、甘肃省东南部、广东省南部、福建省南部、江苏省中部等地区为优先发展区域。

5.3　光伏廊道示范的主要应用场景

在应用场景方面,分布式光伏具有安装灵活的特性,可借助其公路路面、隧道入口中线、沿线服务区、停车场等建筑屋面、沿线路肩、边坡等空间资源开展光伏发电,借助现有的路面光伏、公路平地光伏、屋面光伏技术,以高速路段、服务区为单位开展光伏廊道示范工程。同时,根据公路沿线新能源汽车充电站规划方案开展光伏充电站一体化建设,实现公路领域电动汽车负荷的清洁能源消纳。

根据因地制宜和因需发展的基本原则,依据工程建设难度和靠近负荷端距离即发电经济性进行排序,光伏廊道示范主要应用场景的选择顺序为服务区(充电站、屋顶)场景、收费站及建筑屋顶场景、隧道场景、互通立交区场景、公路边坡场景。

5.3.1 服务区充电站屋面光伏建设

以电动汽车为代表的新能源汽车较之于常规燃油汽车具备良好的节能环保特征,结合能源结构调整及其能源互联网的建设,交通电气化是解决能源危机和环境问题最有前景的措施之一。截至2021年,中国充电桩保有量为261.7万台,公共充电桩保有量114.7万台,我国车桩比不断下降,用户充电便利性得到提高,但由于充电桩的电力生产来源于煤炭等化石能源,电动汽车在充电过程中将产生间接的碳排放。作为光伏廊道示范工程的重要应用场景,光伏+充电桩是实现电动汽车绿电出行、零碳排放的关键措施。

棚架式或屋面式光伏发电系统是目前常用的分布式光伏发电措施之一,其工程开发难度较小,适用范围较广。光伏太阳能电池板可安装在公路沿线的服务区屋顶或电动汽车充电站,其产生的电能能够一定程度上优先满足其本地用电需求。基于第一节对于高速公路沿线建筑和停车场的测算结果,若充分开展服务区、停车场屋面光伏建设,可装机光伏容量为154.18兆瓦。

参考上海虹桥"光储充"一体化充电站以及京津塘高速公路徐官屯服务区光伏—电动汽车的建设方案,该应用场景主要围绕涵盖地区范围内主要的户外电动汽车充电站、充电桩等设施开展分布式光伏充电桩建设,并针对电动汽车充电负荷较高、电动汽车流量密集且光照条件良好区域开展光储充电站建设。该光储充一体化系统能够在满足电动汽车充电负荷的同时,实现余电存储,结合储能峰谷套利和电网削峰填谷效益(如图5-1所示)。

图 5-1 光伏充电站建设示意图

因此,基于服务区、停车场,此类分布式光伏应用场景为该光伏廊道示范工程的主要建设场景之一。该示范工程将围绕高速公路服务区、收费站、停车场等建筑开展屋顶光伏建设,通过对交通沿线建筑的用电统计、屋顶可利用面积调查、软件模拟仿真、参考实际装机案例等措施,确定装机规模。

5.3.2 收费站及建筑屋顶光伏建设

收费站及建筑屋顶光伏建设是指在收费站、建筑物屋顶等场景安装光伏发电设施,从而为本地负荷提供清洁能源,减少对外部电力的依赖(如图 5-2 所示)。

图 5-2 停车场屋面光伏建设示意图

收费站和建筑屋顶通常可以获得较为充足的太阳能资源,具备稳定的光伏发电条件。同时,借助已存在于城市或交通基础设施中的收费站和建筑屋顶,相对于在地面上建设光伏电站可节省有效的土地资源。同时建筑物屋顶光伏发电可以直接供应给附近用户,有效缓解城市电网压力,提高电力系统的稳定性。相比于在城市其他地方建设光伏电站,收费站和建筑屋顶已经具备了相关的市政基础设施,如电力输配电设施、公路等,因此在实施光伏廊道示范工程时所需的市政工程相对较少。故收费站及建筑屋顶光伏建设是当前光伏廊道示范方案的优先推进场景之一。

5.3.3 隧道光伏建设

隧道作为公路领域的重要建筑设施,其自身耗电量较大,隧道的照明以及通风用电量的占比跟隧道的长度呈线性增长。通过在隧道顶部或侧壁等位置建设光伏电站,能够实现将电力就地产生和就地消纳,避免因输电和电网等方面的损耗而造成能源的浪费。相比于在远离用电地点建设光伏电站,就地建设能够降低输电损耗和建设成本,提高电力利用效率。

同时,隧道作为一种建筑物具备保护光伏电池板的作用,能够有效避免光伏电池板在极端天气情况下的破坏,提高光伏电池板的寿命和使用效率。隧道光伏建设能够有效利用现有资源,将公路、隧道等建筑物上的空间有效地利用起来,增加了光伏发电系统的装机容量,提高了光伏发电系统的发电量和利用率,进一步促进清洁能源的发展。因此隧道光伏建设同样是当前光伏廊道示范方案的优先推进场景之一(如图 5-3 所示)。

图 5-3　隧道场景光伏建设示意图

5.3.4　互通立交区光伏建设

互通立交区是交通网络的重要组成部分,具有独特的地理位置和资源优势,通常具有较大的土地面积和较强的光照条件,可以很好地满足光伏电站建设的要求。同时,互通立交区靠近城市用电负荷中心,开展光伏发电就地消纳具备良好的经济性。与传统地面光伏电站相比,互通立交区光伏建设不会占用大面积的耕地或建筑用地,不仅能够充分利用现有的土地资源,同时能够有效减少土地占用和环境污染,符合可持续发展的理念。因此,利用高速公路互通立交区、匝道互通圈开展分布式光伏建设,实现负荷本地消纳,是当前光伏廊道示范方案的优先推进场景之一(如图 5-4 所示)。

图 5-4　互通立交区光伏建设

5.3.5　公路边坡光伏建设

公路沿线边坡土地资源丰富,每千米高速公路可利用边坡自有面积在 0.02～0.04 平方千米之间。其路面两侧边坡、隔离带等低利用率土地可用于分布式光伏的开发建设,工程开发难度较小,因此作为优先建设方向(如图 5-5 所示)。

图 5-5　公路边坡光伏建设示意图

针对公路边坡土地资源较为丰富的高速公路路段，通过调研公路需求，合理规划土地资源和装机容量，开展公路沿线土地分布式光伏建设，提高电量自用比例和投产效益，具有较高的资源开发潜力和经济价值。

5.3.6　路面光伏试点工程建设

路面承载式光伏采用具备光伏发电功能的新型路面面层结构代替了传统沥青或水泥混凝土面层，将光伏路面组件铺设安装到公路上，在不影响行车功能的同时，实现太阳能光伏发电。目前承载式光伏路面是一种全新的路面结构形式，与其他分布式光伏发电技术相比，工程难度较大，材料成本较高，因此在光伏廊道示范中将作为试点工程开展小规模建设。

路面光伏未来发展潜力较大，利于推动公路资源集约利用发展，解决公路沿线电力供应问题。2017 年，世界首条长度为 1 千米的光伏路面高速公路在山东省济南市绕城高速公路上成功铺设，约实现年发电量 100 万千瓦时，装机容量 860 千瓦。在未来承载式光伏路面技术的进一步研究开发与升级下，未来光伏廊道地区可开展"光伏路面"试点工程，基于交通沿线土地建设路面光伏系统，实现公路光伏一体化发展（如图 5-6 所示）。

图 5-6　路面光伏建设示意图

5.4 光伏廊道发展的保障措施

在光伏廊道示范工程的建设实践中,需要采取合理的保障措施,促进交通运输业的可持续低碳发展,同时推进可再生能源发电和清洁能源有效消纳。以下将从土地利用层面、电网接入层面、交通安全层面三个维度提出光伏廊道示范相应的配套保障措施。

5.4.1 土地利用层面保障措施

参考2020年交通运输部印发的《关于招商局集团有限公司开展集装箱码头智能化升级改造等交通强国建设试点工作的意见》,高速公路开展光伏廊道示范工程需要制定高速公路路侧光伏工程技术土地利用规范。主要土地保障措施包括:

(1)严格控制土地利用,优先选择已有建设用地和废弃用地,避免新开发土地,同时在规划设计中,尽可能缩小光伏建设的占地面积,保障当地绿化覆盖率标准和植被生态空间。

(2)实施绿化修复,在光伏廊道示范工程主体光伏板安装完成后,应该实施绿化修复,尽快恢复土地生态功能。对于已经破坏的生态环境,应该采取恢复措施,如采用生物技术、土壤改良等方法促进土地生态恢复。

(3)建立公路基础设施养护决策模型,加强公路基础设施运行状态智能预测预警技术研发,完善公路基础设施运行状态评价体系,开发公路基础设施全生命周期运行维护支持系统。

(4)明确技术规范。在现行标准下,公路边坡、铁路沿线土地使用权归公路和铁路交通部门所有,《公路养护技术规范》(JTG H10—2009)、《铁路线路设计规范》(GB 50090—2006)、《铁路路基设计规范》(TB 10001—2016)等现行交通相关标准和规范,均未明确是否可以利用公路边坡、铁路沿线开发分布式光伏。因此,在技术规范层面目前需要统筹规范、科学合理利用公路土地进行分布式光伏开发建设,在相关标准规范中进一步明确此类分布式光伏开发准入标准和要求。

(5)加强监管措施,健全标准规范。完善健全交通分布式光伏标准规范体系,逐步形成适应不同区域条件、适合各类交通方式、满足不同安全标准要求,涵盖勘察设计、装备制造、建设施工、智慧运维等全产业链的标准规范体系。其中,对于高速边坡分布式光伏项目,修订完善现有《公路养护技术规范》,明确在保障边坡植被的基础上,允许利用高速边坡开发分布式光伏项目;研究制定高速公路边坡光伏项目技术标准规范国家标准,对边坡分布式光伏项目的建设施工、技术标准、设备选型、安装布局等进行明确和规范,以满足交通运输安全和环境保护的要求。同时应建立相应管理机制,加强对光伏建设工程的监测和评估,及时发现和纠正环境问题。同时推进智能化巡检设备研发,完善空地一体公路基础设施智能巡检装备体系。

5.4.2 电网接入层面保障措施

针对公路领域不同的分布式光伏应用场景以及不同光伏种类的技术特点,应从完全并网运行和自发自用、余量上网两种模式进行综合考虑,兼顾不同场景下分布式光伏开发的经济效益和技术可行性。

（1）对于公路边坡光伏等并网运行场景

①开展与完善绿色能源综合服务模式与市场化电力交易盈利模式，发展和完善电力市场机制、推动可再生能源的市场化进程。通过将分布式光伏系统纳入综合能源服务平台，能够实现清洁能源发电侧综合管理和优化调度，促进公路分布式光伏消纳，提高项目经济效益。同时，此举也会完善碳权市场交易机制，提高公路领域光伏主体的发电经济效益，降低公路分布式光伏回收建设成本年限。

②完善并网条件。对光伏安装沿线配套相应储能系统平抑光伏功率波动。参考《能源发展"十三五"规划》，我国将发展高效的电池储能技术。通过在高速公路沿线边坡的光伏设施和光伏充电站等应用场景中合理配置一定容量的储能系统，借助光储一体化分布式运行策略实现经济运行与最大限度清洁能源消纳，同时借助储能系统的快速功率响应特性缓解光伏发电波动性与不确定性，提高电网的稳定性和质量，从而完善并网条件，实现公路分布式光伏稳定并网。

③推进电动汽车充电设施建设。参考交通运输部《关于推动交通运输领域新型基础设施建设的指导意见》，光伏廊道示范工程应引导在城市群等重点高速公路服务区建设超快充、大功率电动汽车充电设施，鼓励在服务区、边坡等公路沿线合理布局光伏发电设施，与市电等并网供电。

（2）对于隧道、服务区等光伏"自发自用、余量上网"的运行场景

①通过优化光伏组件的布局和设计，最大限度地利用隧道出入口延长铺设龙骨光伏项目的可开发利用面积，提高光伏系统的发电效率。同时联动照明系统：结合分布式光伏系统与隧道照明系统，实现光伏发电与照明需求的协调运行，减少对外部电网的依赖性。

②构建光伏廊道智能微电网。智能微电网可以通过对电力的高效调度和管理，实现对分布式光伏项目的有效支持和管理。通过对光伏发电的实时监测和调度，提高光伏发电的利用效率和经济性，同时还可以实现对电力负荷的合理分配和调度，降低电网负荷峰值，提高电网的稳定性和可靠性。

③开拓与完善局域能源系统端对端交易平台，促进交通公路的分布式的光伏发电主体与配电网的电力用户就近交易完成能源生产和消费，实现能源本地消纳，在降低电力传输费用和交易成本的同时，提高能源利用效率。

最后，针对上述两类公路分布式光伏运行场景，需进一步开展适用于交通光伏产业的智能化装备研发步提高光伏材料和部件的安全性、耐久性、稳定性和易维护性的试验，使交通分布式光伏实现在恶劣环境、无人维护区域的顺利应用与推广。

5.4.3 交通安全层面保障措施

安全是交通领域的核心和头等大事，在高速公路边坡、铁路沿线进行分布式光伏开发，涉及工程施工、线路布局、新增构筑物、带电运行等作业，不可避免会给交通运输安全带来一定风险。

为了提高光伏工程的安全性，需要充分考虑交通流量、交通安全等因素，合理规划光伏廊道示范工程的布局和规模，以确保不影响交通运行，保证交通运输的安全畅通。其主要保障措施包括：

(1) 加强光伏支架稳定性设计

在设计光伏支架时,应该考虑到公路车辆行驶带来的震动和野外风大无阻挡对支架的稳定性提出的要求。采用更加稳固的支架设计,加强支架的抗风性能,确保光伏电站在遇到恶劣天气时能够保持稳定,避免对交通造成危害。

(2) 采用安全材料和结构设计

在设计光伏电站时,应该采用符合安全标准的材料和结构设计,确保光伏电站在公路车辆发生交通事故侧翻时,不会对驾乘人员造成二次伤害。此外,在光伏组件的安装和维护过程中,也应该采取相应的安全措施,如在组件周围设置护栏等。

(3) 合理布局和控制光伏组件

在弯道区域安装光伏组件时,应该合理布局和控制组件的光照范围,避免产生光污染,使驾驶员造成视觉疲劳进而导致交通事故的发生。可以采用遮光设计或者调整组件的角度和方向等措施,降低光照强度和范围。

(4) 加强火灾预防和监管

在高速公路沿线地段安装光伏设备时,应该采取相应的防火措施,避免电弧引发周围杂草燃烧,造成火灾事故。可以采用定期巡查和监管、设置消防设备等方式加强火灾预防和管理。

(5) 建立交通管理机制

在光伏廊道示范工程的选址和施工过程中,应该建立交通管理机制,确保交通安全。应该加强与交通管理部门的沟通和配合,及时了解交通状况,做好交通管制和指挥工作。同时,应该加强对施工现场的巡查和监督,确保施工过程中的交通安全。

(6) 加强交通设施建设

为了保障交通安全,应该加强交通设施建设。在光伏廊道示范工程的周边区域,应该建立交通标志、交通信号灯等交通设施,提供更加安全和便捷的交通环境。同时,应该加强对公路的维护和管理,保障公路的通畅和安全。

(7) 合理规划并网方案

在光伏廊道示范工程中,应该合理规划并网方案,确保光伏电力能够正常消纳。应根据电力市场需求,确定光伏电力的消纳方案,并与电力公司协商制定并网方案。同时,应该结合交通运输需求,合理安排电线杆和输电线路,确保电力传输不会影响交通运输。

参考文献

[1] 中国气象局.2021年中国风能太阳能资源年景公报[EB/OL].(2022-04-28)[2023-02-26].https：//www.cma.gov.cn/zfxxgk/gknr/qxbg/202204/t20220429_4798342.html.

[2] 中华人民共和国交通运输部.2021年交通运输行业发展统计公报[EB/OL].(2022-05-25)[2022-11-22].https：//xxgk.mot.gov.cn/2020/jigou/zhghs/202205/t20220524_3656659.html.

[3] 住房和城乡建设部.城市停车设施规划导则[EB/OL].(2015-09-06)[2023-02-27].http：//www.gov.cn/xinwen/2015-09/06/content_2925775.htm.

[4] 杨勇平,武平,程鹏,等.我国陆路交通能源系统发展战略研究[J].中国工程科学,2022,24(3)：153-162.

[5] 李义,刘志胜.高速公路沿线发展分布式光伏发电项目可行性研究[J].科技与创新,2022(04)：173-176+181.DOI：10.15913/j.cnki.kjycx.2022.04.053.

[6] 毛宁,李齐丽,刘杰,等.交通运输行业光伏发展现状及对策建议[J].交通节能与环保,2022,18(02)：11-14.

[7] 唐明涛,陈志强,王志刚.分布式光伏发电在高速公路交通设施中的应用[J].太阳能,2016(9)：28-31.

[8] 翁广良,柳海龙.分布式光伏发电在江西高速公路运营全系统中的探索与应用[J].公路交通科技(应用技术版),2017,13(11)：297-300.

[9] 李明霞.太阳能光伏发电系统在高速公路领域的应用探讨[J].科技创新与应用,2020(31)：177-178+181.

[10] 冯玉洁.承载式光伏路面发电及路用性能研究[D].济南：山东大学,2021.DOI：10.27272/d.cnki.gshdu.2021.002821.

[11] 韩丹.交通空间可再生能源规划策略研究[D].天津：天津大学,2018.DOI：10.27356/d.cnki.gtjdu.2018.000112.

[12] 许雪记,徐文文,殷承启,等.江苏省高速公路站区光伏能源综合利用研究[J].能源环境保护,2020,34(02)：43-47.

[13] 吕扬扬.碳中和背景下综合能源服务在交通领域的应用前景分析[J].中外能源,2022,27(8):7-11.

[14] 贾利民,等.中国陆路交通能源融合的形态、模式与解决方案[M].北京:科学出版社,2020.

[15] MEHTA A,AGGRAWAL N,TIWARI A. Solar Roadways-The future of roadways[J]. International Advanced Research Journal in Science,Engineering and Technology(IARJSET),2015,2(1).

[16] FORMAN R T T,SPERLING D,BISSONETTE J A,et al. Road ecology: science and solutions[M]. Island press,2003.

[17] SHEKHAR A,KLERKS S,BAUER P. Solar Road Operating Efficiency and Energy Yield-an Integrated Approach towards Inductive Power Transfer[J/OL]. 31st European Photovoltaic Solar Energy Conference and Exhibition;2622-2627,2015:6 pages,6422 kb. DOI:10.4229/EUPVSEC20152015-6DP.2.2.

[18] 国家能源局."光伏公路"通向智能交通时代[EB/OL].(2018-01-08)[2022-11-23]. http://www.nea.gov.cn/2018-01/08/c_136880102.htm.

[19] 中华人民共和国交通运输部.加快推进公路沿线充电基础设施建设行动方案[EB/OL].(2022-08-25)[2022-11-18]. https://xxgk.mot.gov.cn/2020/jigou/glj/202208/t20220825_3670513.html.

[20] 国家统计局.2021中国统计年鉴[M].北京:中国统计出版社,2021.

[21] 交通运输部办公厅.扎实推进"十四五"规划交通运输重大工程项目实施工作方案[EB/OL].(2022-03-30)[2022-11-23]. http://www.gov.cn/zhengce/zhengceku/2022-05/20/content_5691467.htm.

[22] 国务院.2030年前碳达峰行动方案[EB/OL].(2021-10-24)[2022-11-23]. http://www.gov.cn/zhengce/zhengceku/2021-10/26/content_5644984.htm.

[23] 国家发展改革委,交通运输部.国家公路网规划[EB/OL].(2022-07-04)[2022-12-01]. http://www.gov.cn/zhengce/zhengceku/2022-07/12/content_5700633.htm.

[24] 国务院."十四五"现代综合交通运输体系发展规划[EB/OL].(2021-12-09)[2022-12-02]. http://www.gov.cn/zhengce/content/2022-01/18/content_5669049.htm.

[25] 2025、2030年电力需求、电源结构及电力投资预测[EB/OL].(2021-02-09)[2022-12-02]. https://news.bjx.com.cn/html/20210209/1135824.shtml.

[26] JIA L,MA J,CHENG P,et al. A perspective on solar energy-powered road and rail transportation in China[J]. CSEE Journal of Power and Energy Systems,2020,6(4):760-771.

[27] CHAUDHARI K,UKIL A,KUMAR K N,et al. Hybrid optimization for economic deployment of ESS in PV-integrated EV charging stations[J]. IEEE Transactions on Industrial Informatics,2017,14(1):106-116.

[28] 江苏省交通运输厅.2021年江苏交通基础设施[EB/OL].(2020-01-06)[2022-12-03]. http://jtyst.jiangsu.gov.cn/art/2022/6/13/art_77201_10487847.html.

[29] 简丽,杨艳刚,李振洋.分布式太阳能光伏并网发电在高速公路服务区的应用效果研究

[J]. 公路,2017,62(2):210-213.

[30] 国务院.新能源汽车产业发展规划(2021—2035 年)[EB/OL].(2020-11-02)[2022-12-10].http://www.gov.cn/zhengce/content/2020/11/02/content_5556716.htm.

[31] Song D,Jiao H,Te Fan C. Overview of the photovoltaic technology status and perspective in China[J]. Renewable and Sustainable Energy Reviews,2015,48: 848-856.

[32] 山西省统计局,国家统计局山西调查总队.山西省2021年国民经济和社会发展统计公报[EB/OL].(2022-03-21)[2022-12-10].http://sxzd.stats.gov.cn/xx/dcbg/202203/t20220331_160355.html.

[33] 广东省交通运输厅,南方都市报.32年,从0到1万公里!广东高速公路总里程连续7年全国第一[EB/OL].(2021-04-21)[2022-12-10].http://td.gd.gov.cn/zwgk_n/sjfb/channel1/content/post_3265541.html.

[34] 工业和信息化部.加快电力装备绿色低碳创新发展行动计划[EB/OL].(2022-08-24)[2022-12-11].http://www.gov.cn/zhengce/zhengceku/2022/08/29/content_5707333.htm.

[35] 交通运输部.推动交通运输领域新型基础设施建设的指导意见[EB/OL].(2020-08-03)[2022-12-11].http://www.gov.cn/zhengce/zhengceku/2020/08/06/content_5532842.htm.

[36] 李全生,卓卉.基于协同供能的轨道交通能源转型发展路径研究[J].北京交通大学学报(社会科学版),2022,21(03):53-60.DOI:10.16797/j.cnki.11-5224/c.20220727.005.

[37] 日本:高速公路路基坡面上的光伏电站[J].吉林交通科技,2019(2):48.

[38] 比利时:8个足球场大的铁路隧道光伏发电系统[J].吉林交通科技,2019(2):48.

[39] 彭晔,郭屹安,曹国涛.轨道交通新能源开发利用潜力研究[J].现代工业经济和信息化,2022,12(07):20-22.DOI:10.16525/j.cnki.14-1362/n.2022.07.006.

[40] 邬明亮,戴朝华,邓文丽,等.电气化铁路背靠背光伏发电系统及控制策略[J].电网技术,2018,42(02):541-547.DOI:10.13335/j.1000-3673.pst.2017.1709.

[41] 艾国乐,郝小礼,刘仙萍,等.高速铁路上空安装光伏系统的节能潜力研究[J].太阳能学报:1-9[2022-12-03].DOI:10.19912/j.0254-0096.tynxb.2021-1054.

[42] JI L,YU Z,MA J,et al. The Potential of Photovoltaics to Power the Railway System in China [J]. Energies,2020,13.

[43] 耿鑫,王飞,周强.光伏设备在青岛港前湾集装箱码头的应用[J].港口科技,2019(09):19-20+24.

[44] 陈瑞锦.光伏发电在绿色港口建设中的应用[J].港口科技,2016(05):33-36+46.

[45] 石易立,张崇晖,张晖.大型远洋船舶光伏电站经济性分析[J].船海工程,2013,42(05):91-92+95.

[46] 唐若笠,方彦军,孔政敏.大型绿色船舶光伏阵列结构与MPPT算法研究[J].湖南大学学报(自然科学版),2017,44(04):109-117.DOI:10.16339/j.cnki.hdxbzkb.2017.04.015.

[47] 唐湘茜,刘爽,甘乐,等.漂浮式水面光伏关键技术研发与应用[J].水利水电快报,2021,42(02):6-7.

[48] LAI C S,JIA Y,LAI L L,et al. A comprehensive review on large-scale photovoltaic system

with applications of electrical energy storage[J]. Renewable and Sustainable Energy Reviews, 2017,78: 439-451.

[49] 柴明哲.促进可再生能源发展的电力市场机制设计[D].东南大学,2021.DOI:10.27014/d.cnki.gdnau.2021.001124.

[50] 能源局.关于促进先进光伏技术产品应用和产业升级的意见[EB/OL].(2015-06-01)[2023.02.25].http://www.gov.cn/gongbao/content/2015/content_2953964.htm.

[51] RONALD A. COUTU, DAVID NEWMAN, MOHIUDDIN MUNNA. et al. Engineering Tests to Evaluate the Feasibility of an Emerging Solar Pavement Technology for Public Roads and Highways[J]. Technologies,2020,8(1).

[52] SHEKHAR A., KLERKS S., BAUER P. et al, Solar road operating efficiency and energy yield-An integrated approach towards inductive power transfer[M],2015.

[53] 新华社.德国启用首条太阳能自行车道(组图)[EB/OL].(2018-11-13)[2023-02-25].https://guangfu.bjx.com.cn/news/20181113/941294.shtml.

[54] BREYER C,KHALILI S,BOGDANOV D. Solar photovoltaic capacity demand for a sustainable transport sector to fulfil the Paris Agreement by 2050[J]. Progress in Photovoltaics: Research and Applications,2019,27(11): 978-989.

[55] 贾利民,师瑞峰,吉莉,等.轨道与道路交通与能源融合发展战略研究报告—道路篇[R].北京:中国工程院,2022.

[56] 李清,李坤,王利朋,等.严格排放法规背景下太阳能在船舶上的应用研究[J].船舶工程,2016,38(01):67-72.DOI:10.13788/j.cnki.cbgc.2016.01.067.

[57] 潘宵,曾杰,李德,等.水面漂浮式光伏电站浮式基础结构分析研究[J].人民长江,2017(20).

[58] 王军辉,李民,畅蓬博,等.水面光伏发电系统研究综述[J].科学技术创新,2020(23):17-18.

[59] 任勤雷,邓明文,郑钧.澜沧江航道水位实时监测系统的选型设计[J].水利科技与经济,2012,18(07):4-5.

[60] 陈立剑,徐建勇.太阳能光伏电力推进在船舶上的应用研究[J].船海工程,2013,42(02):160-164.

[61] 资产信息网.2022年光伏指数研究报告[EB/OL].(2022-08-31)[2023-02-26].https://solar.ofweek.com/2022-08/ART-260009-8420-30573102_2.html.

[62] 国际新能源网.法国世界首条太阳能电池板公路正式开通[EB/OL].(2016-12-23)[2023-02-26].https://newenergy.in-en.com/html/newenergy-2287827.shtml.

[63] 公安部.全国新能源汽车保有量已突破1000万辆[EB/OL].(2022-07-06)[2023-02-26].http://www.gov.cn/xinwen/2022-07/06/content_5699597.htm.

[64] 国务院.新能源汽车发展规划[EB/OL].(2020-11-02)[2023-02-26].http://www.gov.cn/zhengce/content/2020-11/02/content_5556716.htm.

[65] 经济日报."十四五"末满足超2000万辆电动汽车需求——适度超前建设充电基础设施[EB/OL].(2022-02-14)[2023-02-27].http://www.gov.cn/xinwen/2022-02-14/content_

5673393. htm.

[66] 光伏头条.全国首个高速公路边坡光伏项目并网:采用大跨距高支架柔性系统解决方案![EB/OL].(2022-01-15)[2023-03-04]. https://solar.in-en.com/html/solar-2397929.shtml.

[67] 国家能源局.2021年可再生能源并网运行情况等并答问[EB/OL].(2022-01-29)[2023.03-04]. http://www.gov.cn/xinwen/2022-01/29/content_5671076.htm.

[68] 国际太阳能光伏网.分布式光伏发展策略:高速公路匝道圈光伏[EB/OL].(2017-07-25)[2023-03-04]. https://solar.in-en.com/html/solar-2291731.shtml.

[69] 袁裕鹏,袁成清,徐洪磊,等.我国水路交通与能源融合发展路径探析[J].中国工程科学,2022,24(03):184-194.

[70] 四川省发展和改革委员会.关于2022年新建风电、光伏发电项目上网电价政策有关事项的通知(川发改价格〔2022〕194号)[EB/OL].(2022-04-26)[2023-03-10]. http://fgw.sc.gov.cn/sfgw/tzgg/2022/4/26/7f97f4d664b54a22b2f5cd6ed83b5fa9.shtml.

[71] 泉州市人民政府.全省首座光伏公交充电站晋江投用[EB/OL].(2019-10-24)[2022-03-10]. http://www.quanzhou.gov.cn/zfb/xxgk/zfxxgkzl/qzdt/xsqdt/201910/t20191024_1931604.htm.

[72] 中规院交通院.中国主要城市道路网密度与运行状态监测报告[EB/OL].(2020-05-29)[2023-03-10]. https://www.chinahighway.com/article/65383449.html.

[73] 交通运输部.公路交通安全设施施工技术规范[EB/OL].(2021-03-17)[2023-03-10]. http://www.gov.cn/zhengce/zhengceku/2021-03/25/content_5595633.html.

[74] 交通运输部.公路工程项目建设用地指标[EB/OL].(2011-08-11)[2023-03-10]. https://xxgk.mot.gov.cn/2020/jigou/glj/202006/t20200623_3312366.html.

[75] 交通运输部.关于招商局集团有限公司开展集装箱码头智能化升级改造等交通强国建设试点工作的意见[EB/OL].(2020-12-04)[2023-03-28]. https://xxgk.mot.gov.cn/2020/jigou/zhghs/202012/t20201204_3499279.html.